10時間の授業で学校が変わる！楽しく学べるグループワーク

正保春彦 著
SHOBO HARUHIKO

金子書房

はじめに

　前著『心を育てるグループワーク』（金子書房，2019 年）を世に送ってから 5 年が過ぎました。その間。同書はさまざまな場面で活用され，また私自身もさらに多くの学校現場で実践してきました。そうした中で学校現場への活動の導入を考えた場合，どれだけやればいいのか，何回やればいいのか，という問題と直面してきました。

　元々，前著は茨城県のフレックススクールである A 高校での毎週 1 回，年間 30 回の授業がベースになっています。年間 30 回の実践は大きな効果を上げることができました。しかし，年間 30 回もグループワーク授業を実践するのは授業計画上なかなか大変なことです。一方，その後，同じく茨城県のフレックススクールである B 高校ではほぼ毎月 1 回，年間 10 回の実践でしたが，それでもかなりの効果を上げることができることを実感しました。また，授業内容は少々異なりますが，A 高校での活動の 10 年ほど前にも，C 高校で年間 10 回のグループワーク授業を行って，中退者の数を前年度の約 5 分の 1 に減らした，ということがありました。

　このような成果を踏まえ，近年，年を追うごとにあちこちの学校からグループワーク授業実践の依頼を受けることが増え，小学校から高校までさまざまな校種の学校で授業を行っています。それらの授業は私から見ると年間数十回ある授業実践のうちの 1 つですが，そこで私の授業を受ける児童生徒の立場から見ると，ひょっとするとその体験は人生で 1 回のグループワーク授業機会かもしれません。

　学校で実践できるグループワークには楽しいものがたくさんあり，また新たな可能性に挑戦することもとても魅力的で，個人的にはさらに試してみたいことはたくさんあります。一方児童生徒にとってはそのときの自分にとって最善の授業を受けることが幸せでしょうし，授業者としての誠実さだと思います。

　自分の満足を優先するのか，児童生徒の体験を優先するのかはとても悩ましいところですが，結局，児童生徒の体験を優先することを基本とし，そのように実践を続けていたら，実践する授業内容が必然的にいくつかのテーマ・内容に収斂していきました。本書ではその収斂した結果を 10 時間分に集約して提示しました。これらは自分が担任だったらこんな授業をやりたい，こんな体験を子どもたちに提供したいと思う内容でもあります。

　学校教育法施行規則では中学校の年間標準授業時数は年間 1,015 単位時間と定められています。高等学校では高等学校学習指導要領により，課程にもよりますが年間 1,050 単位時間が標準とされています。ここで前記の年間 10 回の授業回数を前提として考えた場合，その 10 時間が 1 年間の授業時間全体の中で占めるウエイトは約 100 分の 1 ということになります。たかが 100 分の 1 とはいえ，多忙を極める学校現場ではその時間を捻出することは容易ではないことは言うまでもありません。

一方，この 100 分の 1 は単なる 100 分の 1 の効果に留まらないという側面もあります。

学校は個別指導塾や個別オンライン授業の場ではありません。学校というところは子どもたちが教室で互いにかかわり合って学ぶ場所です。子どもたちの人間関係の中で生じたことは，その中で化学反応を生じさせるのです。このため，そこでの人間関係の改善はその他の 100 分の 99 の教育活動に影響を及ぼし得るのです。ある小学校で「グループワークを行って子どもたちの人間関係を改善したら，学力検査の成績が上がった」という報告もあります。

今回，1〜高 3 までの幅広い年齢層を対象として，毎月 1 回，年間計 10 回の授業を前提に精選したパッケージ形式で授業プランを立案しました。その上で，具体的にどのような活動をどのタイミングで行えばいいのかを具体的に提示します。同じワークでそんな幅広い年齢層を対象とできるのか心配する必要はありません。子どもたちはそれぞれの発達段階に応じてワークに参加します。中学校 1 年生は中学校 1 年生なりの参加を，高校 3 年生は高校 3 年生なりの参加をします。また，同じワークを学年を越えて繰り返すこともできます。同じワークを繰り返すとしても一緒に取り組む相手は異なりますし，期間を空けて同じワークに再度取り組むことで以前取り組んだときと現在の自分の違いに気がつき，子どもたちは自分の成長を実感することができます。

2022 年，小中学校における不登校児童生徒の数は約 29 万 9 千人に増え，かついじめの認知件数も高水準にあります。このような問題の背景には子どもたちの心と人間関係の問題があると考えられますが，学校現場の多忙さの問題もあり，新たな取り組みを始めようとするとさらに多忙さが増すという相反関係が存在します。

一方，さまざまな問題が生じた後でその問題に対応しようとすると多くの時間とエネルギーを要しますが，問題が生じる前であれば，その予防に要する時間とエネルギーははるかに少なくてすみます。

また，同時に学校現場や教員の多忙さも近年問題となっています。グループワーク自体は正課に位置づけられているわけではありませんので，必ずしも実践しなければならないものではありません。そのような中で，どのように実践の可能性を探っていくかを検討していったところ，朝の会や帰りの会といった 10 分〜 15 分程度の時間を活用した「モジュール方式」というやり方に行き着きました。本来ならば，1 時間というまとまった時間をとって実施することが望まれますので，あくまでこれは次善の策ではありますが，グループワークが学校現場に定着していく過程での 1 つのステップとなれば幸いです。

2022 年 12 月，文部科学省の『生徒指導提要』が 12 年振りに改訂されました。新『生徒指導提要』では，課題予防的生徒指導として課題未然防止教育やその前提として発達支持的生徒指導が強調されています。いったん，不登校やいじめの事案が発生すると担任のほか，教育相談担当者やスクールカウンセラーが個別に各事案に対応することになりますが，一つひとつの対応に要するエネルギーは膨大なものがあります。

他方，日頃からグループワークを行って子どもたちの人間関係や心理状態を良好な状態に保っておけば，そもそもの不登校やいじめの発生自体を防ぐことができます。本書で提案する

グループワークを計画的・定期的に実施することはさまざまな問題の未然防止に有効です。

　通常の授業でも多忙なのに，さらに仕事が増えるのかと嘆く必要もありません。グループワークを円滑に実施するスキルやマインドは通常の授業にも応用できます。両者はいずれも相手（子どもたち）の心に適切に働きかけることから成り立っているからです。

　本書が有効に活用されて，学校に子どもたちの笑顔があふれ，子どもたちの心の中にさまざまな学びが広がっていくことを願っています。

　なお，本書所収のワークの多くは中学生・高校生のほか，小学校高学年児童でも実施可能ですが，基本的対象は中学生・高校生であり，このためワークを受ける子どものことを生徒と表記し，文脈に応じて子どもまたはメンバーと表記します。また，グループワークの指導者についてはファシリテーターと表記し，こちらも文脈に応じて教師，担任と表記します。

正保春彦

目次

第4章：月別ワーク

第5章：Q&A

コラム

ワークシートのダウンロードに関して

　本書で紹介しているワークシートをダウンロードできます。データは PDF 形式でご用意しており，印刷してグループワーク実施時にご活用いただけます。

　金子書房ホームページの『10 時間の授業で学校が変わる！　楽しく学べるグループワーク』の書籍ページ（https://www.kanekoshobo.co.jp/book/b641198.html）にアクセスしていただき，書影画像の下にあるダウンロード用バナーをクリックしてください。以下のユーザー名とパスワードをご入力いただくと、ダウンロードページが表示されます。

〔ユーザー名：groupwork10h　／　パスワード：aosigos28hs55〕

　ダウンロードできるワークシートは以下です。ページ数はダウンロード対象ページを示しています。

　　4月：1時間目　4.　スゴロクトーキング・サイコロトーキング（p.60- p.65）
　　7月：4時間目　1.　電話で GO!（p.96-p.98）
　　　　　　　　　2.　人間コピー機（p.102-p.105）
　　1月：9時間目　1.　WANTED!（p.157）
　　　　　　　　　2.　あなたはきっと（p.161）
　　2月：10 時間目　Who am I?（p.168-p.169）

◆ご活用にあたっては次の点にご留意ください。
1.　本サービスは本書をご購入いただいた方にのみご利用いただけます。上記のユーザー名およびパスワードを第三者に知らせたり，ダウンロードしたデータを共有したりしないようにしてください。
2.　すべてのファイルには著作権があります。ご使用は，学校の授業などの教育目的や非営利の活動などに限定し，参加費などを徴収する有料の研修会などでのご使用に際しては，事前に金子書房宛に使用許可の申請をしていただき，出典を明記の上ご使用ください。
3.　改変・無断転載は禁止いたします。
4.　ファイルはご使用になる方の責任でご利用ください。
5.　本サービスの内容は予告なく変更になる場合があります。あらかじめご了承ください。

本書所収のワークについて

　本書に記載してあるワークは、いずれも中学生〜高校生を対象としたものです。また、小学生でも高学年であれば、多くは対応可能です。同じワークが幅広い年齢層を対象としていますが、それぞれの児童生徒は自分の発達段階に応じた参加・行動ができます。小学生は小学生なりの、高校生は高校生なりの参加ができますので、異なる年齢層に実施しても問題はありません。この理由により、同じワークを複数年にわたって繰り返して実施することも可能です。例えば、中学校 1 年時に行ったワークと全く同じワークを 1 年後あるいは 2 年後に実施しても、生徒はそのときの発達段階に応じた参加ができますし、またそのことによって自身の成長を感じ取ることも可能です。ただ、インストラクションの仕方や例の示し方等は年齢や発達段階を考慮する必要があります。

　また各ワークは 1 年間の全体プランにおいても、大きな心の流れ（テーマ）を考慮して構成してあります。

　4 月は、すべての基本である人間関係を構築することころから始まり、夏休みまでに一定のソーシャルスキルを育成することを目的として構成されています。

　9 月〜12 月は、表現活動を軸に、他者への共感力を育成します。これらは子どもたちの心を豊かにすることを目的としています。

　1 月と 2 月は、他者理解と自己理解を深めつつ、最後は **Who am I?** で、クラス全員に対する理解を進めながら、クラスとしての一体感を体験することを目的としています。

　必ずしも、この通りにやらなければならないというわけではありませんが、できるなら本書に掲載順に従って実施することが望まれますし、順序等の変更を行う際は、それぞれのワークの狙いと意味するところを理解して、実施する必要があります。

　なお、2 年目実施の場合は、上記の限りではありませんが、クラス替えがあった場合は、4 月・5 月はクラスの人間関係形成に配慮する必要がありますし、年度の終わりにはクラス全員に対する理解を深めるとよいでしょう。

　各回（月）ごとに紹介してあるワークはいずれも 1 回（45〜50 分）の授業で実施できるボリュームのものです。各ワークは、取り組みやすさや子どもたちの心の流れを考慮して順に配置されています。1 校時のまとまった時間をとって、一連の活動として実施されることをお勧めします。時間の余裕がないからといって①や②を飛ばして③や④から始めることは子どもたちの心の流れを阻害したり、無用な困難を感じさせたりすることになります。

　また、 モジュール対応 のワークについては、朝の会・帰りの会やその他の学校裁量の時間を活用して、少しずつ実施することができます。この場合も一連の活動として順を追って実施されることをお勧めします。1 回の実施時間は 10〜15 分程度を想定しています。詳しくは 4 章「モジュール実施について」をご参照ください。

第 **1** 章
グループワークとは

1 学校における諸問題とグループワーク

1 学校現場における諸問題

　現在，学校現場にはさまざまな問題が山積しています。

　近年も，主体的・対話的で深い学び，インクルーシブ教育，道徳教育，外国語教育，プログラミング教育，ICT の活用などの時代の変化に対応した教育のあり方に関する諸課題が次々と提起される一方，不登校やいじめ等の子どもたちの人間関係に関する諸問題も依然として大きな課題として残っています。

　特に不登校やいじめについてはスクールカウンセラー制度などが整備されてきてはいますが，いったん事案が発生すれば担当教員も無関係ではありえず，その対応に要するエネルギーは膨大なものになります。また，そのような大きな問題ではなくとも，日常の学級生活の中で子どもたち同士の人間関係のトラブルなどの対応を迫られることもありますが，そのような場合にきめ細かな対応をすることが常に教師には求められています。

　一方，現行の教員免許制度では不登校やいじめ等の問題については，大学教職課程の「生徒指導・教育相談」において一定程度の知識を学ぶこととなっていますが，対応策の実際について体験的に学ぶ機会まではなかなか得られないのが実情です。増してや日常の児童生徒の人間関係を円滑にしたり，より豊かにする技法・理論について学ぶ機会はほとんどなく，一部の積極的な教員が自ら研修機会を求めて研鑽を積んできているのが実情です。

2 『生徒指導提要』の改訂と発達支持的生徒指導

　そうした中で，2022 年 12 月に『生徒指導提要』が改訂されました。新しい『生徒指導提要』（文部科学省，2022）では，生徒指導を「児童生徒が，社会の中で自分らしく生きることができる存在へと，自発的・主体的に成長や発達する過程を支える教育活動のことである」と定義した上で，さまざまな課題に対応するために，必要に応じて指導や援助（支援）を行うとされています。

　その中で，全体の支援構造は日々の教育活動の中でプロアクティブに行う常態的・先行的生徒指導と，苦戦している児童生徒に対してリアクティブに行う即応的・継続的生徒指導に分けられています。さらにプロアクティブな指導とは全ての児童生徒を対象とする課題予防的生徒指導とされ，発達支持的生徒指導と課題未然防止教育に分けられています。

　ここで「発達支持的生徒指導」とは「特定の課題を意識することなく，全ての児童生徒を対象に，学校の教育目標の実現に向けて，教育課程内外の全ての教育活動において進められる生徒指導の基盤となるもの」とされており，具体的には，自己理解力や自己効力感，コミュニ

ケーション力，他者理解力，思いやり，共感性，人間関係形成力，協働性，目標達成力，課題解決力などを含む社会的資質・能力の育成などを行うとされています。

　ここで，発達支持的生徒指導が育成しようとする力は人間関係の力全般にかかわるものであり，一朝一夕に育成するのは容易なことではありませんが，グループワークを適切に活用することによりこれらの力を実際的な形で育てていくことができます。本書で紹介する各ワークの機能はこれらの資質・能力の育成に十分に対応することができます。グループワークを実践し，子どもたちがワークの中で他者とかかわることで，人間関係の力を総合的に育てていくことができるのです。また，同じく新『生徒指導提要』における「課題未然防止教育」とはいじめや不登校などの深刻な事態に至らないようにすることをねらいとした意図的・組織的・系統的な教育プログラムとされます。そして，これらはいずれも全ての児童生徒を対象として行われるとされますが，この課題に対しても本書で紹介する各ワークは十分に対応することができます。前述の発達支持的生徒指導を適切に進めていくことは，学級づくりを円滑に進めることにもなりますし，そのことはひいては不登校やいじめ等の問題の発生を未然に防ぐことにも繋がります。発達支持的生徒指導を効果的に進めることにより，課題未然防止教育を行うことにもなるのです。

3　組織的・計画的プラン

　ただし，このような発達支持的生徒指導や課題未然防止教育を効果的に実践していくには，組織的で計画的なプランが必要です。さまざまな人間関係の力には基本的なものもあれば発展的なものもありますが，グループワークの運用によっては人間関係に対する苦手意識を助長したり，実施の順序を間違えると無用な困難に遭遇したりすることにもなりかねませんし，最悪の場合はトラウマを負うこともありえます。そうではなくて，適切にグループワークを行うことにより子どもたちが無理なく受け入れ，咀嚼することができる形で体験を提供し，気がついたら必要とされる人間関係の力が身についているという状態にすることができるのです。

　また，これらの力を育成する際，そのために教育課程が圧迫されて，子どもたちの負担が過重になることがあっては本末転倒です。しかし，本書で紹介する各ワークはどれも人間関係の力を子どもたちが楽しみながら計画的に実践していくもので，1回，2回と体験していくうちに，次の実施が待ち遠しくなるような課題ばかりです。本書はすべての子どもたちが，必要とされる心理的資質や能力を，楽しみながら学んでいく活動を提供します。

2 グループワークと相互作用

1 グループワークとは

　そもそもグループワークとは何でしょうか。グループワークは広くはグループ・アプローチという大きな括りの中に位置づけられますが，このグループ・アプローチとは，「個人の心理的教育・治療や対人関係の発展を目的として，小集団の相互作用を用いる技法の総称」（野島，1999）と定義されます。そこにはベーシックエンカウンターグループや構成的グループエンカウンター，サイコドラマなどの諸活動が含まれます。グループワークはその中の，特にあらかじめ定型化されたワーク形式で行われる諸活動を指します。

　グループアプローチは学校での子どもたちの人間関係の問題に直接的に働きかけることのできる技法です。例えば，すべてのいじめは人間関係の中で生じますし，不登校も多くの場合人間関係が関係しています。このような問題への対処法としてはカウンセリング対応が一般的ですが，カウンセリングは基本的にカウンセリングルームの中で1対1で行われます。しかし，カウンセリングルームの中で問題解決に向けてやり取りが行われ，一定の効果を上げたとしても，カウンセリングルームを一歩出るとそこは現実の人間関係の世界です。カウンセリングルームの中で解決できたと思っても，外の現実の世界では必ずしもそうならない場合があります。一方，グループアプローチはそもそもの成り立ちが人間関係の世界です。グループアプローチの中で生じたことと，現実の世界との間には始めから類縁性があります。カウンセリングの効果を決して否定するものではありませんが，人間関係の中で起こる問題に対しては，人間関係の中で対処することがより理にかなっているといえます。各種のグループアプローチ諸技法には専門的知識や高度の熟練を要するものが少なくありませんが，一方でポイントをつかめば比較的実施が容易で，学校等の現場の教員にも実施可能なグループワークがたくさんあります。

2 さまざまなグループワーク

　現在，最も知られているグループワークは前述の構成的グループエンカウンター（SGE）でしょう。1970年代から実践され，その後学校現場に広く普及しました。学校現場ではグループワークの代名詞的存在になっています。この他に，ソーシャルスキルトレーニング（SST）やグループワークトレーニング（GWT）なども学校現場に普及していますし，さらに視野を広げてみると，アサーション・トレーニングやアンガーマネジメント，ピア・サポートなどといった活動もあります。

　これらの活動を含めたグループアプローチの諸活動に共通しているのは，どの活動も他者とのかかわりを大前提として成り立っているということです。すべてのグループワークは他者

とのかかわりの中で行われます（図 1-1）。

3 かかわりの潜在力

　この他者とのかかわりには実は隠された大きな力が潜んでいます。

　人間が 2 人の場合，かかわりのパターンは 1 パターンですが，3 人になるとパターンは 3 つの二者関係と 1 つの三者関係の計 4 パターンになります。この関係性の数は $x=2^n-n-1$ という式で表すことができます。この式に従うと，4 人だと関係性のパターンは 11 パターンに，5 人だと 26 パターンになることがわかります。10 人だと 1,013 パターンに，20 人だと 104 万 8,555 パターンに，30 人だと 10 億 7,374 万 1,793 パターンになり，40 人だとその数はなんと 1 兆 995 億 1,162 万 7,735 パターンにもなります（表 1-1）。これはあくまでもすべての 2 者関係～40 者関係を足し上げた理論上の数値ですが，それにしてもこれだけの関係性の潜在力が集団の中には秘められているといえます。

　この潜在力を活性化するのがグループワークです。グループワークの力を活用することによってこれらの関係性の潜在力のすべてとまでは行かなくても，その大きな力を教室内の人間関係の改善や児童生徒の心の発展のために活用することが可能になります。逆にこのグループワークの力を使わなかったらどうでしょう。単なる一方通行的な授業に終始したり，児童生徒の相互作用の活性化を全く図らないことは，これらの潜在力をみすみす捨ててしまうに等しいことです（図1-2）。教室にはこれだけの力が秘められているのに，その力を全く使わず眠らせておくのは実にもったいないことです。

表 1-1　総関係パターン数

n（人数）	x（人間関係）
2	1
3	4
4	11
5	26
10	1,013
20	1,048,555
30	1,073,741,793
40	1,099,511,627,735

　一方，一般の教員であってもグループワークの実施法を学び，これらの潜在力を活用することは十分に可能です。そして，その力を身につけることにより，単なる教科指導だけでなく，生徒指導全般にかかわる大きな力量を身につけることができます。さまざまなグループワークの実践方法を身につけることは，教師にとって大きなエンパワーとなるのです。

図 1-1　かかわりのワーク
　　　　（トランプステイタス）

図 1-2　一方通行的な授業…かかわりがない

3 グループワークの3つの要素

1 3つの要素

　そもそも各種のグループアプローチは，かかわること，理解すること，表現することの3つの要素から成り立っています（図1-3）。さまざまな活動はこれらの3つの要素の組み合わせで構成されています。それらの要素がどのようなものであるかを理解しておくことは，さまざまな活動がそもそも何を目的としたものであるかを理解することに役立ちます。

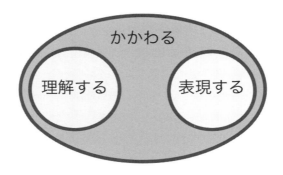

図1-3　3つの要素

2 かかわること

　かかわることとは，人間関係によって成り立つグループワークの大前提です。すべてのグループワークは人と人がかかわることによって成り立ちます。その人と人とのかかわりは大きく分けて方法の面において言葉（言語）で行われるものと，言葉以外（非言語）で行われるものの2つがあり，また機能の面において伝える働きをするものと，受け取る働きをするものの2つがあります。さらにこれらの4つの側面に加えてすべてに共通することが見ることであり，具体的には以下の5つの機能から成り立ちます。

　・言うこと：言葉を使って考えや気持ちを相手に伝えます。
　・聞くこと：言葉を聞いて相手の考えや気持ちを理解します。
　・すること：行動や表情で相手に考えや気持ちを伝えます。
　・よむこと：行動や表情から相手の考えや気持ちを読み取ります。
　・見ること：相手と視線を合わせて心のやりとりをします。

　上記の5つの機能はいわば人間関係の最大公約数とも言えるもので，すべてのグループワー

図1-4　基礎体力と競技力

クはこれらの諸機能の上に成り立っています。

　また，これらの5つの機能はいわば心の基礎体力ともいうべきものです。言う，聞く，する，よむ，見るはすべての人間関係を成り立たせる基本的な力で，すべての人間関係はそれらの機能を組み合わせて活用することで成り立っています。

　スポーツを例にとってみると，ランニングや腕立て伏せや腹筋といったトレーニングで体の基礎体力が培われます。その上で，それらの基礎体力の上に野球やサッカー，テニスなどといった競技が行われます。（図1-4）もし，基礎体力を育てないまま競技に望めば，結果が得られないばかりか，場合によっては怪我をしてしまうかもしれません。

　心の基礎体力についても同じことが言え，心の基礎体力が十分でないままに複雑な心理的活動や高度な表現活動をさせようとすれば，うまく目的を達することでができないばかりか場合によっては心に傷を負ってしまうこともあるかもしれません。基本的なことから応用的なことへという階層構造で考えることが必要です。

　また，このかかわることには，対人関係の基本的なことからより発展的な対人技能までが含まれています。基本的な対人関係は上記の言う，聞く，する，よむ，見るといったことが中心になります。いわゆるアイスブレイクといった活動もここに含まれます。他方，これらにはより発展的な対人技能として上記の諸機能を複合的に活用して他者に複雑な情報を伝えたり，他者と協力して課題を達成する能力を高めることも含まれます。従来は，ソーシャルスキルトレーニング（SST）やグループワークトレーニング（GWT）といった活動が受け持ってきた領域です。

③　理解すること

　かかわりを通じて自分や他者の人となりや価値観・心情等について理解を深めていく活動です。従来はいわゆる構成的グループエンカウンター（SGE）がこの領域を担ってきました。構成的グループエンカウンターとは，他者とかかわることを通して，他者と出会うこと（エン

カウンター）によって自分自身と出会う活動です。そこで得る理解は，他者や自分がどんな人であるかという個人情報に関することや何に価値を置いて生きているかといった価値観等に関することから，今どんな気持ち・心情でいるかといったことまでが含まれます。

他者を理解するためにはその他者とかかわることが必要ですが，自分自身を理解するためにも他者とかかわることが必要です。人は自分自身に対して他者がとる態度・かかわりの様子から鏡のように自分に関する情報を得て，間接的に自分自身を理解しているのです。

4 表現すること

他者とかかわる中で想像力や創造性を発揮して，自分を表現していく活動です。これは，学校現場で行われるグループワークでは従来あまり取り上げられて来なかった領域です。

しかし，今日の日本社会は成長型社会から成熟型社会に変化し，製造業中心からサービス産業中心の産業構造転換が起きています。また，社会全体が単一目標追求型から個人生活享受型に変化し，価値観の多様化が進んでいます。従来は，周囲の状況に合わせていればよかったのですが，今日の社会では一人ひとりが自分のあり方，生き方を考える必要に迫られています。このような状況の中で，日々生きている現代の現在の子どもたちは，好むと好まざるとにかかわらずなんらかの形で自分を表現しながら生きていかざるを得ない状況にあり，そしてこのことの重要性は今までになく高まっていると言えます。そうした中でこの表現するという活動をグループワークの中で体験し，その表現の幅を広げていくことは現在の子どもたちにとって非常に意義があることと言えます。インプロ（即興）という活動がこの領域の大きなリソースとなります（コラム「インプロとイエスアンドについて」参照，p. 116）。

5 複合的な効果

さらに，この理解することと表現することはかかわることを基盤としつつ，それぞれが単独で機能するだけでなく，協働して複合的な効果を生み出すこともあります。他者の気持ちや心情を理解しながら，それを表現していく活動がそうです。サイコドラマやプレイバックシアターという活動がその領域にかかわっています。これらはかなり複雑な心理的活動ですが，本書で紹介する**私は有名人**や**秘密のセリフ**では，子どもたちが実践可能な形で楽しみながら類似した体験を味わうことができます。これらの活動は他者の心理に配慮しながら行動をすることを通して共感性を高めたり，他者の視点取得を促したりすることができ，発展的にはいじめ防止などの問題に対処したり，他者配慮の心を育成したりすることも可能と期待されます。この効果については第2章2でも述べます。

4 グループワークと枠組み

1 枠組みの力

グループワークは「枠組み」の力と大きな関係を持っています。そもそも枠組みとは何でしょうか。

通常，われわれはさまざまな枠組みの中で生活しています。児童生徒であれば，毎日学校へ行って，時間割に沿って勉強やその他の活動をしています。社会人であれば，さまざまな役割を担って，毎日，一定の業務を定められた手順に従ってこなしています。グループワークにも同様の特徴があります。第1章2で，グループワークはグループアプローチの中でワーク形式で行うもの，と述べましたが，グループワークは一定の枠組みの中で行われるという特徴を持っています。その特徴は以下の4点にまとめられます（図1-5）。

2 グループ

当然のことですが，グループワークは集団すなわちグループで実施されます。そのグループは2名（ペア）で行うこともありますし，3名，4名といった小集団から場合によっては数十人からそれ以上の大人数で行うこともあります。誰とするのかの認識をメンバーがもつことがこの枠組みです。

3 ワーク

何をするのかということです。グループワークではそれぞれの目的・テーマを持った内容からなり，所定のワークが実施されます。その中身はさまざまですが，メンバーはワークの中身を知ることにより，安心して活動に参加することができます。

4 ルール

どのようにするかということです。このルールには，具体的にどのように進めるかという手順に関するものから，秘密の保持や攻撃の禁止などといったコンプライアンスに関することまでが含まれます。

5 時間

いつまでするかということです。本書で紹介する個々のワークは一部を除いて短いものでは数十秒から長くても30分程度以内に終了します。一定の比較的短時間のうちに行われるのです。そしてもう1つ重要なことは，この時間をあらかじめメンバーに伝え，意識させるこ

とです。

　これらの枠組みに基づいてワークが行われることによって，参加者は「守られている」という感覚を得ることができ，安心して活動に参加することができます。そして安心して参加することにより，参加者はより自由になり，より豊かに活動に参加することができます。

6　枠組みにより自由になる

　一般に「枠組み」は人を「縛る」ものと考えられるかもしれませんが，グループワークでは，参加者を「枠組み」で囲うことにより，より「自由になる」という逆説的な関係があることが特徴です。

　一方，この「枠組み」にはオープンさとの相克という矛盾を抱えていますが，このことについては次項で説明します。

図 1-5　グループワークと枠組み

5 グループワークを支える 3つのマインド

1 グループワークのマインド

　グループワークの進め方はいわゆる通常の授業とは異なります。通常の教科の授業は，知識や概念などの内容を伝えることを主目的とする認知的活動で，主として子どもの思考機能に働きかけます。

　これに対してグループワークは子どもの心に働きかける心理的活動で，思考機能のみならず感情機能や行動機能にも働きかけ，それらが統合的に作用します。このような活動を進めるには通常の授業の進め方とは異なったマインドが必要になります。特に，子どもたちの心の在り方に特別な配慮が必要とされる傾向が高まっている今日では，グループワークを円滑に実行するにはいわゆるカウンセリング的な発想が重要になってきています。

　具体的には以下の3つのマインドを意識することが重要です。

2 信じること

　子どもには成長への力があると信じることです。

　来談者中心カウンセリングの創始者であるロジャーズ（Rogers, C. R.）は「人間の基本的な本性は，それが自由にはたらきだすときには，建設的なものであり，信頼できるものなのである」と述べています（Rogers, 1961 伊東・村山監訳, 2001）。これは人間の中にある成長への力を前提とし，それを基盤とすることを意味しています。カウンセリングはその前提の上に立ち，相談者（クライエント）を受容することにより，相談者の成長への力が発揮され，自らを癒すと考えます。

　グループワークにおいても同様のことが言えます。元々，子どもたちには成長への力があり，それが十分に発揮されるとき，子どもたちはひとりでに成長への道を歩み始めます。もちろん，何もせずに放っておいて子どもたちが勝手に成長するわけではありませんが，外から与えるのはあくまでもきっかけであり，何かを教え込んだり特別な力を注入したりする必要はありません。

3 楽しくすること

　上記の子どもたちの成長への力を発動させるために必要なことは楽しむことです。人は笑顔になって楽しんでいるとき，その持っている力をいかんなく発揮します。学びの体験を楽しむことで，外から特に力を加えなくても子どもたちは自ら学びのプロセスを歩みます。成長するための力は子どもの中にあるのであり，外から与えることによって生じるものではないので

す。

　それではただ遊んでいるだけではないか，という疑問が生じるかもしれませんが，その心配は当たりません。本書に取り上げてあるすべてのワークは楽しく活動できるワークであると同時に学びの要素が含まれているという特徴があります。楽しく活動することで自然に学びが生じる構成になっており，このため，特に大きなエネルギーを要せず学ぶことができるという特徴があります。「楽しく」「学ぶ」ということは十分に両立します。

　ただ，ここで一点注意しておくべきポイントがあります。楽しむ主体は第一に子どもたちです。教師が楽しんでいる側で子どもたちが白けているということはあるべき姿ではありません。教師が楽しむのは子どもたちが楽しく活動しているのを眺めるときです。そのような理由でここでは敢えて「楽しむ」とは表記せず「（子どもたちを）楽しくする」ことと表記してあります。

4　開くこと

　開くこととはオープンになることであり，オープンマインドを持つことです。

　グループワークでは複数の人がかかわりあう中で何が起こるのか予想がつかない不確定な部分が増えます。同じワークをしてもメンバーが違えば反応は異なりますし，そのときのちょっとしたメンバーのリアクションなどで当初意図したこととは全然別の方向に事態が変化することもあります。グループワークに取り組むときはこの予測不能な状態に適切に対応することが必要になります。

　ここに 1 つの問題が生じます。通常，学校の授業は常にあらかじめ準備され，目的をもって構成されています。本書で紹介しているグループワークも同様の側面があり，言い換えると一定の枠にはめるという特徴があります。その意味で両者には予定調和的な側面があります。

　ところがグループワークには先に述べたような不確定な側面がありますので，グループワークは枠にはめようとしつつ，常にそこからはみ出そうとする自発性をもつという矛盾した逆説的構造があります（図 1-6）。ここで，はみ出そうとする部分を切り取ったり，無理やり押し込めようとすることには意味がありません。はみ出す部分はそのまま受け止めていくことが必

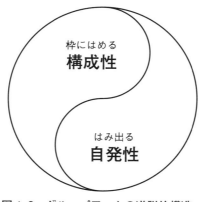

図 1-6　グループワークの逆説的構造

要であり，そこでオープンマインドで臨むことが必要になります。言い換えるとグループワークには常に何が起こるかわからないというリスクが伴います。このリスクは引き受けていくしかありません。ただ，子どもたちがそこで体験することには常に意味があります。そこには正解や模範解答はなく，その意味は常に新しく発見され続けていくのです。

　なお，通常の教科の授業は認知的活動ですが，通常の授業においても上記のマインドをもって臨むことで一層その可能性を引き出すことができます。すなわち，子どもたちの中にある力を信じ，楽しい授業を展開することで子どもたちの学習意欲は一層活性化され，またそこで生じるさまざまなことに臨機応変に対応することで授業は一層豊かなものになります。教師がグループワークを実践することには，このような副次的な効果もあります。

発達支持的生徒指導とグループワークについて

第1章1で述べたように新しい『生徒指導提要』（文部科学省，2022）では発達支持的生徒指導や課題未然防止教育（課題予防的生徒指導）が強調されています。

全ての児童生徒に対する一次的援助サービスとして発達支持的生徒指導と課題未然防止教育（課題予防的生徒指導）があり，一部の児童生徒に対する二次的援助サービスとして課題早期発見対応（課題予防的生徒指導），特定の児童生徒に対する三次的援助サービスとして困難課題対応的生徒指導があります。

このうち発達支持的生徒指導については，具体的には「自己理解力や自己効力感，コミュニケーション力，他者理解力，思いやり，共感性，人間関係形成力，協働性，目標達成力，課題解決力などを含む社会的資質・能力」を育成するとされています。それらの資質・能力を本書のグループワークの枠組みで整理すると以下の表1-2のような形になります。どの資質・能力についてもさまざまなワークが適用可能であり，特に身構えなくても楽しく相互にかかわり合いながら，必要とされる資質・能力を育てていくことができます。

表1-2　発達支持的生徒指導とグループワーク

発達支持的生徒指導	活動のカテゴリー	ワーク例
人間関係形成力	1．かかわる（基本）	手合わせ，風船ゲーム，数字合わせ，聖徳太子ゲーム，ボリュームアップ！，声合わせ，私あなた，トランプステイタス，上下ドン！，手パチン！，Bang!，人間知恵の輪，オオカミとヒツジ
コミュニケーション力，課題解決力，目標達成力	2．かかわる（発展）	ウソ1つ，数字合わせ，声合わせ，電話でGO!，人間コピー機，仕事ジェスチャー（2人バージョン），5つの扉，お見立て，私は有名人，何やってるの？，秘密のセリフ（各タイプ），人間知恵の輪
自己理解力，他者理解力	3．理解する	一歩前へ！，スゴロクトーキング・サイコロトーキング，共通点探し，ウソ1つ，WANTED!，あなたはきっと，Who am I?
自己効力感	4．表現する	人間コピー機，おもちゃジェスチャー，仕事ジェスチャー（1人バージョン・2人バージョン），私は木です，私は有名人，秘密のセリフ（各タイプ）
協働性，思いやり，共感性	5．共感し，表現する	手合わせ，電話でGO!，人間コピー機，仕事ジェスチャー（2人バージョン），私は木です，知ってるよ！，それはちょうどいい！，シェアードストーリー，ワンワード，5つの扉，お見立て，私は有名人，秘密のセリフ（各タイプ）

※重複あり，本書掲載順。

第 **2** 章
学校における
グループワーク

1 何をするか

1 たの - まな

　グループワークで何をするのでしょうか。まず第一に他者とかかわることです。本書で紹介するワークはほとんどが遊びのようなものであり，いわゆるゲームのようなものです。そして，それらは楽しく実施できます。

　しかし，本書で紹介するワークはただ楽しく遊ぶだけのものではありません。それらにはすべて学びの要素が盛り込まれています。楽［たの］しく遊ぶことによって自動的に学［まな］びが生じるいわば「たの - まな」の構造の上に成り立っています（図 2-1）。

　これは，例えばおいしいパン生地の中に栄養価の高い具を練り込んだようなものです。栄養価の高いものは単体では必ずしもおいしくはないかもしれません。しかし，それらをおいしいパン生地と一緒に食べれば，それは食べた人にとっての栄養になります。子どもたちは，特に学びを意識することなく，仲間と一緒に楽しく遊んでいるうちに，他者と良い関係を築き，生きていく上で必要なソーシャルスキルを学んだり，自分や他者についてのより深い認識を得たりすることができます。

図 2-1　たの - まな

2 no pain, no gain ?

　ただ，このような考え方には少し注意も必要です。

　一部の教育関係者の中には，汗水流して身につけたものでなければ価値がないと考えている人たちがいます。いわゆる no pain, no gain（痛みなくして得るものなし）という考え方で，遊びは価値がないという考えです。このような人たちがワークを見て「遊んでいるだけじゃないか」と批判することがあります。このような批判に対しては，きちんと目的や意義を説明していくことが必要です。

　また，子どもたちにおいても中には一見「遊び」のような活動が授業で行われることに戸

惑いを感じたり，抵抗を感じたりすることがあります。そのような場合も，なぜその活動を行い，そのことにどのような意義があるのかを説明していく必要があります。

　何のためにグループワークをするのか，ということについては周囲や関係者の理解を得て進めていくことが重要です。

2 何のためにするか

　教室でグループワークを行う場合，それは何のために行うのでしょうか。第1章3で述べた3つの要素に準じて整理します（図2-2）。

1　基本的なかかわり

　まず，かかわることについては，基本的には他者と円滑で安定した人間関係をつくることになります。初めて出会う相手，まだよく知らない相手とかかわることで，新しい人間関係をつくることができます。また，そのようなことが苦手な子どもたちであっても，一定の枠組みに基づいて楽しい雰囲気の中でかかわることによって，容易に他者との関係性を築いていくことができます。これを学級開きに活用することができますし，普段の教室内で人間関係を円滑にしたり，学級集団としての一体性を高めることができます。

2　発展的なかかわり

　さらにこのかかわりの力を一層高めることにより，発展的にコミュニケーションスキルや課題解決力を高めることができます。日常生活の中では容易に身につけることができない力を獲得したり，複雑な状況の中で他者とかかわる力や相手の心に配慮しながらかかわる協調性をより高めることができます。

3　自己理解・他者理解

　他者とかかわることによって自分や他者に関する理解を深めることができます。そもそも自分を理解するには他者からの働きかけが重要です。人は他者とかかわる中で，他者から働きかけを受け，それを鏡として自分を理解していきます。このとき，他者からの働きかけの中には，その他者が自分（私）に対して行っている他者理解が含まれており，それがもとになって自分自身に対する自己理解が行われることになります。この意味で他者理解と自己理解はいわばコインの裏表の関係にあるといえます。

4　表現

　他者とかかわりながら自分の中や他者とのかかわりの中で生まれたアイディアを形にしていくことは自己表現力を高めることにつながります。第1章3で述べたように，現代社会では，一人ひとりが自分の生き方を模索し，それを形にしていくことが求められています。通常の学校教育ではいわゆる表現は芸術教科等（美術，音楽，書道等）に限られていますが，グループワークの中で他者とかかわり，そこで生まれたものを形にしていくことができればそれ

は，子どもたちの生活を豊かにしていくことにもつながります。このことは，自己効力感を高めることにもつながります。

5 共感性

　自分や他者を理解しつつ，そこで生まれたものを表現するには共感性が必要です。3 の自分や他者を理解する働きと，4 の表現する働きが重なるところに，豊かな共感性が生まれます。具体的には，例えば他者の心情を理解し，それを言葉や動きなどで形にしていくことは，他者との間の共感性を高めることにつながります。また，同じものごと・出来事を見ても他者と受け止め方が違うことがあるかもしれません。それを具体的に形にしていくことで，新しい発見があったり，物事の見方を修正したり，能力を高めたりということが可能になります。

　第 1 章 1 でも述べましたが，これらのことは『生徒指導提要』（文部科学省，2022）で述べられている発達支持的生徒指導で扱われている自己理解力や自己効力感，コミュニケーション力，他者理解力，思いやり，共感性，人間関係形成力，協働性，目標達成力，課題解決力という力を楽しく他者とかかわる中で育てていくことにつながります。

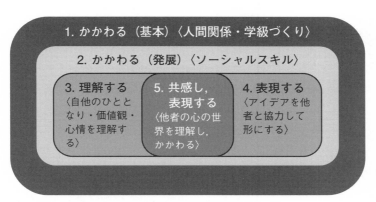

図 2-2　各機能が生み出すもののカテゴリー

3 いつするか

1 いつ実施するか

　グループワークをいつ，どの時間に実施するか，というのは悩ましい問題です。現在の教育課程にはあらかじめ設定されたグループワークの時間はありません。一部の高校では学校設定科目として「心理学」や「人間関係論」などの授業においてグループワークを実践することがありますが，一般の高校や中学校ではそのような時間はありません。

　一方，新しい『生徒指導提要』では，発達支持的生徒指導の推進に関して，意図的に，各教科，特別の教科　道徳（道徳科）や総合的な学習（探究）の時間，特別活動等と密接に関連させて取り組みを進める場合もあるとされています。さまざまな枠組みの活動を組み合わせることで，子どもたちの心を育てていくわけです。本書では年間 10 時間（回）の実施を推奨していますが，これらの時間と関連させて年間 10 時間（回）を確保することは十分可能です。

2 モジュール的機能

　また，一部のワークを除いて各ワークはモジュール的機能も有しています。モジュールとは，システムの一部を構成するひとまとまりの機能をもった部品のことですが，これらのワークは 10〜15 分程度の朝の会や帰りの会，その他の空き時間を活用して，継時的に組み合わせて実施することが可能です。1 時間といったまとまった時間を確保するのが難しい場合でも，限られた時間の中で 1 つの小さなまとまりをもった体験をすることが可能です。そして，この体験をステップアップ式に積み上げていくことで大きなまとまった体験をすることができます。具体的には例えば 1 週間のうち，月曜日に①のワークを行い，火曜日に②のワークを行い……という形で最終的に一体としてのワークを実施・体験することができます。このように実施方法を工夫することにより，忙しい学校生活の中で，さまざまな心理的機能を獲得することができます。

4 計画的に実施する

　グループワークは計画的に実施することが望まれます。計画的実施のポイントは 1. 開始時期，2. 実施間隔，3. 実施回数，4. 共通理解の 4 点です。

1 開始時期

　実施時期を考える上で最も重要なのは開始時期です。

　グループワークを開始するには年度初めが最も適しています。まだ，子どもたちの人間関係が十分できていない時期で，不安な気持ちを抱えている子どもたちも少なくない時期です。中学 1 年生や高校 1 年生の場合は学校の雰囲気にも十分慣れておらず，複数の学校から生徒たちが集まってきていることも多いでしょうし，2 年生，3 年生の場合はクラス替え後という状況もあるでしょう。そうした状況の中で，新しい人間関係に戸惑いを感じている子どもたちは少なくありません。そのような時期に適切なグループワークを計画的に実施することは，子どもたちの心理的負担を軽減し，サポートすることになります。また，過去にグループワークをあまり経験したことのない子どもたちも，新しい環境に入って間もない時期に適切なグループワークを経験することにより，以後の活動に対する適応性や意欲を高めることができます。

　逆に年度途中の一定の人間関係ができた頃に実施しようとすると，グループワークは自然発生的に形成された人間関係に新たな変化を加えようとする方向の働きをすることになり，これが子どもたちの心に抵抗を生むことがあります。一度できた仲良しグループの関係が十分に温まらないうちに，新しい人間関係をつくらなければならないとしたら，そのことを負担に感じるメンバーもいるでしょう。もちろん年度途中にグループワークを始めていけないというわけではありませんが，円滑な導入を考えるなら年度初めが最適です。

2 実施間隔

　実施間隔としては一定の間隔を持った定期的な実施が望まれます。定期的に実施するということには，一定の実施回数を確保するという意義と，子どもたちの心にリズムをつくるという意義があります。

　グループワークは定期的に実施することで，子どもたちの心の中にリズムをつくり，体験の受け皿をつくっていくことができます。

　グループワークは通常の教科の授業とは異なります。教科の授業は時間割に沿って定期的に実施されます。このような通常の教科の授業に対しては，子どもたちは既に心の受け皿を持っています。しかし，グループワークの授業についてはまだ子どもたちは心の受け皿を持っていない場合がしばしばあります。また，通常の授業は最後にはテストがあって，そこで評価

が行われますが，グループワークには評価はありません。前項で述べたように一般の教科の授業が認知的活動であるのに対し，グループワークは感情的・行動的な行動も含んだ学びの営みです。そのようなグループワークの体験を受け止めるには，それなりの受け皿が必要です。心の受け皿のない活動が突然訪れてきて，単発的実施で終わってしまうと，子どもたちの心には戸惑いだけが残り，その体験を十分に受け止めることなく，その体験はやがて消え去っていくことになります。

　しかし定期的に実施することにより，子どもたちの心に徐々に受け皿が作られていきます。また，その体験が子どもたちの心にリズムをつくることにより，子どもたちの心への定着を促進するという側面もあります。本書では総合的な観点から毎月1回の実践を推奨します。

　その他，定期的な実施とは異なりますが，数回のワークを集中的に実施することも可能です。例えば，宿泊学習などでまとまった時間をとって実施することもあるかもしれません。グループワークの効率的な運用を考えた場合，このやり方は魅力的です。しかしながら，その際に注意しなければならないのは，一定の時間を確保したからといって，一度に多くのことを求めることはできないということです。人間の心が一度に受け止めることができる容量は限られているからです。また，複数のカテゴリーにまたがる内容を受け取ることも苦手です。このような場合は，目的を絞って実施することになります。教科の授業でも英語と数学の内容を同時に学ぶことはできないでしょう。グループワークに限らず心理的活動の基本は「少しずつ」です。子どもたちの心の変化は常にゆっくり進み，それには時間がかかるのです。

③ 実施回数

　定期的実施はそもそも年間何回の実施が可能かということとかかわってきます。

　本書は年間10回の実施を推奨しています。夏休みを除いて毎月ほぼ1回の実施ということです。「はじめに」でも述べましたが，中学校・高等学校の場合，年間の総授業時間数の約100分の1ということになります。年間の総授業時間数の100分の1を多いと見るか少な

表 2-1　実施回数と効果

1回	やるなら年度初めでしょう。学級開きとして実施します。新しいメンバーが互いに知り合い，クラスとしての一体感をつくります。
3回	1〜3学期に1回ずつ，学期初めに実施します。新学期・長期休暇明けの人間関係づくりが中心になるでしょう。あるいは，特定の目的をもって実施することもできます。
5回	人間関係づくりのみに留まらず，さらに発展的な内容のワークを一定程度行うことができます。
10回	メンバーの心のさまざまな側面について多くのことができます。適切に実施できれば大きな効果が期待されます。
30回	ほぼ毎週1回の実施になります。時間を確保することはかなり困難かもしれませんが，実施できれば理想的な状態です。 ※実施に当たっては『心を育てるグループワーク』（正保，2019）を参考ください。

いと見るかは意見が分かれるところでしょうが，その時間と効果を比較検討すると約100分の1での実施は時間的負担を補って余りあるというのが本書の考え方です。グループワークでの体験は子どもたちの心と人間関係に化学反応をもたらし，そこでもたらされる変化は，その他の学校生活の時間にも波及するからです。

　さまざまな回数条件について整理すると表2-1のようになります。

④ 共通理解

　教師が自分が担任するクラスのみでグループワークを実施する場合は，共通理解は特に必要ないかもしれません。しかし，学年全体で複数のクラスにわたって計画的に実施する場合には，学年主任をはじめとして，各クラス担任や場合によっては学校長などの管理職の共通理解が必要になります。学校全体の場合は言うまでもありません。例えば，学年主任がグループワークの計画的実践を企画したとしても，それを実施するのは各担任です。一体，その活動は何を目的としていて，そのために何をしようとしているのか。学校全体の教育目標やグランドデザインとどのような関係があるのか。各担任の側にそのような諸事項についての共通理解がなければ，各担任が生徒にワークの目的を伝えることもできませんし，結果として各クラスでの実施は不十分なものにならざるをえないでしょう。

　そもそもグループワークは学校の教育課程に明確に位置づけられている活動ではありません。生徒の側にするとあまり経験したことがないようなグループワークがある日突然始まって，さまざまな活動をやらされて，それが成績評価とどのような関係があるのかもわからない，といった状況では戸惑いが生じて当然かもしれません。そのような活動をあえて行うことにどのような目的や意義があるのかということについての関係者の理解は重要です。

5 誰がするか

1 担任による実施

　本書は基本的に学級担任がファシリテーターとして実施することを前提としています。学級担任はクラスを受け持ち，子どもたちにとって最も身近な存在です。担任は，通常は主として教科の授業を通して子どもたちとかかわっていますが，担任がグループワークを行うことには少なからぬ意義があります。特に教科担任制の中学校・高等学校では生徒に対しても継続的な心理教育的指導ができる貴重な場です。

　通常の授業，特に主要教科の授業では子どもたちの認知的能力を中心とした学習活動場面を見ることになります。それらの授業は子どもたちの心の認知的側面に働きかけ，活性化することによって成り立っているからです。しかし，グループワークの授業では認知的側面よりも感情的側面や行動的側面に働きかけることになります。そのようなグループワークでは子どもたちは通常の授業とは異なった別の側面を見せてくれることが少なくありません。普段の授業では目立たない子どもがグループワークで急に輝きだし，意外な一面を発揮するということは珍しいことではありません。それは，普段は表に出ることのなかった子どもの隠された側面に光が当たるようになったということです。学級担任がこのような機会を活用しないというのは実にもったいないことです。

2 スクールカウンセラーによる実施

　この他，スクールカウンセラーなどがグループワークを実施することもあるでしょう。臨床心理学を学んだスクールカウンセラーの中にはこのようなグループワークや心理的活動に慣れている人が少なくありません。しかし，だからといってスクールカウンセラーに全部任せてしまって，担任がグループワークの授業に同席しないのは考えものです。既に述べたようにグループワークで急に輝き出す子どもがいるということを考えると，そのような場合でも担任が同席することは重要です。また，場合によっては，担任が1メンバーとして授業に参加することも重要です。そこでは，通常の教師－生徒関係を越えた新しい関係性を築くことが可能になります。もし，担任がスクールカウンセラーとの間で「分業制」を敷いてしまい，グループワークをスクールカウンセラーに完全に任せてしまうと，子どもたちはきっとそのことを残念に思うでしょう。

3 複数人による実施

　可能であれば，ワークは複数人で実施することが望まれます。副担任がいれば副担任，ま

たは学年主任などが考えられます。その他の支援員（アシスタント）を活用することができればさらにベターです。特に，メンバー数が 10 数人〜20 人を超える場合は，メンバー全員に目を届かせるのが難しくなります。そのようなときに臨機応変にサポートしてくれる存在は貴重です。場合によってはデモンストレーションの相手役を務めてもらうこともできます。

6 人数とアシスタント

1 多人数での実施

　学校でクラスごとにグループワークを実施するとき，基本的に実施人数は最大40人ということになります。学年単位等で実施する場合などは，人数はさらに増えることになります。

　一般的に言って，クラスの雰囲気が落ち着いていて人間関係に大きな問題がない場合は20〜30人程度の実施なら特に問題なく実施できるでしょう。ファシリテーターの指示はよく通り，メンバー間でトラブルが生じることも少ないでしょう。ただし，40人での実施を考えた場合，40人の参加者の注意力や集中力を維持しながら，手際よくファシリテートしていくのは，そんなに簡単なことではありません。ファシリテーターに一定の経験値や慣れがあったほうがいいでしょうし，場合によっては他にアシスタントを頼んだ方がいいでしょう。クラスごとに実施する場合，多くの場合ファシリテーターは担任が行うことになりますが，可能なら誰かがアシスタントを務めることが望まれます。ワークのデモンストレーションをしたり，必要に応じてプリントを配ったりすることができますし，各グループのサポートをすることもできます。

2 複数クラスでの実施

　大人数で実施する場合，2つのケースが考えられます。

　第1は，2つあるいはそれ以上のクラスがクラスごとに同じ時間に同じ場所で1人のファシリテーターのもとで実施する場合です。この場合は，各クラスがそれぞれにスペースをとって同じ活動を同時並行で行うことになります。例えば，2クラス合同の場合は最大80人で実施することになりますが，大人数でも支障なく実施できれば効率的なやり方といえます。この形の別のバージョンとしては，例えば2つのクラスが，出席番号の奇数・偶数などでメンバーを入れ替えて，相互に交流しながら実施する形もあります。この場合は，通常の学級活動では得られない人間関係の広がりが得られます。

　第2は，2つあるいはそれ以上のクラスが全体として1つのグループとして一緒に活動を行う場合です。この場合は，クラスの枠を越えて全体が1つのグループとなります。2クラスかせいぜい3クラスまでならこの形での実施もあり得ますが，あまり人数が多くなるとコントロールが難しくなり，ファシリテーターの指示が通りにくくなったり，また大人数に気後れしてしまうメンバーも出てきたりします。カード類を使う場合は複数セットを同時に用意する必要がありますし，また，実施できるワークも限られてきます。

③ 少人数での実施

　一方，クラスの人間関係やメンバーの心理状態が不安定だったりする場合は，より少人数で実施した方がいい場合もあります。そのような場合には，クラスを分割して実施するのも 1 つの方法です。一人ひとりのメンバーに適切な配慮をしながら，ワークを進めることができます。

　また，一般の学校ではなく，適応指導教室やフリースクールなどの関係機関で実施する場合は全体の実施人数は 12～15 人程度以下にとどめ，さらにアシスタントが 2～3 名いると理想的です。一人ひとりのメンバーの心理をより丁寧にケアしながら進めることができます。

7 どこでするか

1 実施場所

　ワークをどこで行うかということは，あらかじめよく考えておく必要があります。通常，活動する場所は教室や多目的スペース・体育館などのオープンスペースになるでしょう。実施するワークによっても場所は自ずと決まってきます。机や椅子を使う必要のあるワーク（例：**Who am I?**，**初めてのお使い**等）は必然的に教室で行うことになります。他方，身体表現をテーマとする活動（ジェスチャー系の活動など）はオープンスペースで実施することが望まれます。机・椅子等を片付けることにより教室でも実施可能な場合がありますが，一定程度の制約が生じるかもしれません。

2 広さ

　教室の場合，大きさは大体決まっていますが，オープンスペースの場合はさまざまな広さの場所があるでしょう。活動場所の大きさもワークの進行に大きな影響を与えます。

　特に体を動かして活動する場合は，一定程度の広さの場所が必要になりますが，体育館などのようにあまり広いとメンバーの注意力が散漫になったり，不安になったりすることがあります。また，メンバーが分散することで，ファシリテーターの指示がうまく通らなかったり，目が行き届かなくて必要なサポートができず，結果として活動に支障が生じる場合もあります。広い空間にエネルギーが拡散しがちな点も気になります。オープンスペースでの活動を考える場合は，広ければいいというものではなく，メンバーが自由に動くことができて，なおかつあまり広すぎない必要十分な広さが望まれます。場合によって多目的室や小体育館，格技場などの使用を考えましょう。

3 環境

　また，オープンスペースの場合，床の状態等についても考慮する必要があります。身体表現をテーマとするワークは寝転んだりすることのできるオープンスペース（場所）が望まれます。また，オープンスペース（場所）で椅子の使用が必要な場合もありますので，可能かどうかを確認しておきます。状況によっては床に直接座らざるを得ない場合もあるかもしれません。その場合，床の衛生状態を気にするメンバーもいますので配慮が必要です。

8 抵抗の理解

1 心のブレーキ

　すべてのメンバーが常に全員必ず楽しくワークに参加するとは限りません。本書で紹介してあるグループワークはどれも楽しく活動できるものばかりですが，それでもメンバーの個人差や心理状態等により絶対に大丈夫ということはありません。人間は皆，多かれ少なかれ心の中に抵抗を持っているからです。この抵抗が働くとき参加者の心にブレーキがかかります。

　グループワークにおいて参加者が感じる抵抗には以下のようなものがあります（表 2-2）。

表 2-2　さまざまな抵抗

抵抗	内容		対処
関係への抵抗 （人数への抵抗）	人とかかわりたくない	ウォーミングアップ	ワーク導入の配慮 少人数からのゆるやかな導入
参加への抵抗	束縛されたくない		適切なオリエンテーション ワーク選定の配慮
評価への抵抗	失敗したくない 笑われたくない		リーダーの演示 許容的な雰囲気づくり
変化への抵抗	変わりたくない		適切なオリエンテーション

2 関係への抵抗

　関係への抵抗とは即ち人間関係への抵抗です。現代の子どもたちにおいてはグループワークにおいて「何をするか」よりも「誰とするか」が重要という特徴があります。知らない人と活動するよりもいつもの仲の良い仲間と一緒に活動した方が安心と思うのは子どもたちに限ったことではありません。そもそも人見知り，引っ込み思案ということもありますし，そうでなくても知らない相手との間に新しい関係をつくることや，相手に気を遣ったりすることに心の負担を感じるのです。このようなときに心のブレーキが踏まれているのです。

　また，この関係への抵抗に関連する抵抗として人数への抵抗もあります。少人数ならできることが大人数になるとできなくなるということもあります。

3 参加への抵抗

　グループワークに参加すること自体への抵抗です。もっと楽をしたい，好きにしたい，そ

もそもやりたくない，という気持ちの表れです。「面倒くさい」「かったるい」などという言葉がこの参加への抵抗を端的に表します。一方，グループワークの楽しさを味わい知ることにより，この参加への抵抗はいつの間にか消えていきます。

4 評価への抵抗

　人間には自分に対する周囲の評価や周囲の目を気にする側面があります。「失敗したら恥ずかしい」「笑われたらどうしよう」と心の底で思うとき，この評価への抵抗が生じています。特に，学校で実施する場合，メンバーが一般の教科学習等の延長でグループワークを捉えると，この評価への抵抗が生じることになります。グループワークは通常の教科の授業とは異なる活動であるという認識，位置づけが重要です。ファシリテーターが実際にやってみせることも重要ですし，その際にうまくやる必要はなく，むしろ失敗してみせた方がいい場合もあります。また，そのような失敗を受け入れる許容的な雰囲気づくりも重要です。

5 変化への抵抗

　活動に参加することにより自分が変化することへの抵抗です。通常，人は自我の働きにより連続性を保つことで安定して生活していますが，グループワークに参加することにより自分が変化する可能性を感じることがあります。そのような変化を魅力的に感じる参加者もいますが，恐れを抱く参加者もいます。この抵抗はあまり明確に意識されることはなく，言葉として表明されることはあまりありません。

6 抵抗を前提とする

　このようにグループワークへの参加にはさまざまな種類の抵抗がありますが，人間誰しも心の中にブレーキを持っているのです（図2-3）。グループワークの企画・実施に当たってはこのような心のブレーキの存在を前提に計画を立てていきます。ワークを実施する側としては早くアクセルを踏みたいのですが，相手がブレーキを踏んでいる状態ではアクセルを踏むことはできません。アクセルはブレーキを解除してから踏むようにします。まずはメンバーが心のブレーキを解除するにはどうしたらいいのかを考えることから始めます。

　本書で紹介されているワークはすべて参加者の抵抗＝心のブレーキを念頭に，なるべくそのブレーキを迂回するように構成してあります。1回の授業の構成においてもそうですし，年間を通した全体の構成においてもそうです。

図2-3　さまざまな抵抗

コラム 「のりしろ」について

　本書では2月（10時間目）を除いて，1時間の授業について複数のワークから授業を構成しています。それぞれのワークは基本的に同じテーマを共有しつつ，少しずつ異なる活動から成り立っています。

　一連のワークは基本的に容易なものから応用的なものへと配列されていますが，その際，各ワークとワークは共通の要素でつながるよう構成されています。この共通の要素を「のりしろ」と呼びます。

　例えば4月（1時間目）の授業は以下のような構成になっています。

1. **手合わせ**は2人から4人，8人と人数が増えていきます。行うことは同じで，人数だけが増えていきます。8人ではメンバーが輪になった状態です。

2. その輪になった状態のまま，**風船ゲーム**に移行します。**風船ゲーム**も輪になって行います。また身体運動が軸になった活動であるという点も**手合わせ**と共通しています。

3. さらにその状態で**一歩前へ！**に移行します。ここで輪になった状態という要素に自己開示（自己理解・他者理解）という要素が加わります。

4. それらを踏まえて，**スゴロクトーキング**（または**サイコロトーキング**）に移行します。ここでは輪になるという要素はなくなりますが，**一歩前へ！**とは自己開示という要素が共通しています。

　このように4つのワークを連続的に実施するわけですが，1つのワークから次のワークへの移行に際して，共通要素（のりしろ）でつなぐことによりメンバーの心理における連続性を維持し，負担を軽減して円滑な展開を促すことができます。

　言い換えると，効果を欲張って無関係なワークを抱き合わせて実施することなどはメンバーに余計な負担をかけることになり，避けなければいけません。

　この「のりしろ」には以下のようなさまざまな要素があり，これらが複合的にかかわり合います。

表2-3　さまざまな「のりしろ」

観点	要素
カテゴリー	基本的かかわり／発展的かかわり／自己理解・他者理解／表現／共感性
人数	2人1組／小グループ／全員
機能	体を使う／言葉を使う／アイコンタクトを使う，など
形態	座る／立つ，輪になる／列になる／ばらばらになる，机を使う，筆記用具を使う，カード類を使う，など
その他	挨拶をする，名前を名乗る，など

また，その他のワーク（p.170 ～ 179）で紹介してある各ワークは，一般的なウォーミングアップ等に使えると同時に，「のりしろ」とは逆に「はさみ」の機能をもちます。「はさみ」とは切断する働きですが，例えば直前の授業に集中して取り組んだあとなどに，これらのワークを 1 つ実施することにより，頭を切り替え，心と身体をリセットして，新たな気持ちで次の課題に取り組むことができます。

第 **3** 章
グループワークの
進め方

1 アセスメント

1 事前のアセスメント

　学級でグループワークをやってみようと思うのはどういう場合でしょうか。よりよい学級運営を目指してという場合もあるでしょうし、学級内の人間関係がぎくしゃくしていたりあるいは何か問題が発生している場合もあるでしょう。

　学級でグループワークを効果的に運営しようと思ったとき、今、現在の学級の状況に対するアセスメントが助けになります。子どもたちの心理状態や子どもたち相互の関係性の状態を検討しておくのです。場合によってはあらかじめアンケートなどによって情報を得ておくこともよいでしょう。

2 学級の状態の理解

　学級の状態について、大づかみに理解する方法として図 3-1 のような図式があります。

　縦軸は子どもたちの心のエネルギーの大小を表し、上がエネルギー大で下がエネルギー小です。横軸は子どもたちの心の安定度の高低を表し、右が安定度高で左が安定度低です。この 2 軸によって子どもたちの状態を大きく 4 つに分けて捉えることができます。

　第 1 グループ（右上）は心理的に安定し、心のエネルギーもある子どもたちです。このような子どもたちは日常生活において積極的でグループワークに対しても適応的です。多くの場合、これらの子どもたちについては特段の配慮を要さないといえます。

　第 2 グループ（左上）は心のエネルギーは大きいのですが、心理的には不安定な面がある子どもたちで、行動上の問題を起こすこともある子どもたちです。心情的には不機嫌な状態が特徴的です。活発で行動力がある反面、心理的には落ち着かず、周囲の人間との間に軋轢を生じることもあります。このグループの子どもたちは、ルールが細かく、制約が多いワークは好まない傾向があります。また、心の内面に向き合うワークはあまり得意ではありませんが、一般的に言って活動的で表現的なワークは好きですし、得意でもあります。

　第 3 グループ（左下）は心のエネルギーが少なく、心理的にも不安定な面がある子どもたちです。不安傾向が強く、目立つことを好まず、消極的に見えることがあります。活動的なワークや自由度の高い状況は苦手で、そもそも集団場面自体を好まない傾向があります。このような子どもたちには、一定の枠組みをもった活動（ワーク）を与えることによって、ゆるやかに活動への参加を促すことができます。

　第 4 グループ（右下）は心理的には安定しているのですが、心のエネルギーがあまり大きくない子どもたちです。周囲からは無気力と受け取られることもあります。一見したところ第

3グループの子どもたちと似ており，学級集団の中では良くも悪くも目立たないところがあります。

　グループワークを企画・計画する場合は，学級が主としてどのような子どもたちによって構成されているかを知っておくことが必要です。特に高校生の場合は，学校によって特徴の似通った生徒が集まっていることがあります。本書では一般的にどのような子どもたちにも適用可能なワークを紹介していますが，子どもたちの状況によっては別途アレンジすることも必要な場合があるかもしれません。その際には，このような枠組みで子どもたちの心理状態をつかむことが参考になります。

図 3-1　心理的安定と心のエネルギー

2 オリエンテーション

1 オリエンテーションの必要性

　一連のグループワークを実施する際は，それに先立ってワークの目的や内容等について概要を伝えておきます。特に，初めてグループワークを実施する場合や子どもたちに不安や緊張などがある場合は丁寧に行います。

　一般に学校の授業は指導目標に基づいて行われ，点数がついたり評価を受けたりするものです。これに対して，グループワークの授業は一定の目的を持ちつつ，それは絶対的なものではなく，また基本的に評価とは無縁のものです。一方，このような理由からグループワークの意義に疑問を抱いているメンバーがいることがあります。また，中にはグループワークに不安を感じているメンバーもいるかもしれません。そのようなメンバーに向けて何のためにグループワークをするのか，それをすることにどのような意味があるのかということについて説明を行います。具体的にはみんなが仲良くなることであるとか，お互いを理解することであるとか，自分の可能性の挑戦することなどです。これによってメンバーは，グループワークに対する心の準備状態をつくることができ，ワークに積極的に取り組むことができます。

2 心の受け皿

　またこれは，言い換えると，2章4でも述べた心の受け皿をつくることでもあります（図3-2）。子どもたちは教科の授業については既に心の受け皿を持っていますが，グループワーク授業については心の受け皿を持っていない場合があります。あまりグループワークに参加したことがない場合などは特にそうです。心の受け皿がないとせっかくのグループワークの体験

図3-2　オリエンテーション＝「心の受け皿」を作ること

が，心の中に留まることなく，流れこぼれてしまう恐れがあります。心の受け皿をつくることで，そこでの体験をしっかりと受け止めていきます。このことはシェアリング（3章7）ともかかわってきます。

　ただし，このことは常に毎回強く意識しなければならないものではありません。一度，ワークで他者とのかかわりを楽しみ，そこから何かを得た感覚を味わうことができれば，2回目以降はワーク開始当初から安心して活動に取り組むことができるでしょう。他方，最初に過度に詳しく目的や意義について述べることはその方向に向けてメンバーの心を誘導することにもなり，せっかくのワークの可能性を狭めてしまうことにもなりかねません。あくまでも「最適」水準でのアナウンスが望まれます。

3 スタートライン

1 スタートラインを意識する

一連のグループワークを始めるときは「スタートライン」を意識しましょう。

スタートラインとは，ワークを開始する当初におけるメンバーの心の立ち位置のことです。メンバーは今やる気でいるのか，少し戸惑いを感じているのか，あるいは抵抗を示しているのか等といったことです。ワークはメンバーが立っている位置から始めます。

全メンバーがやる気でいる場合は問題はないでしょう。

しかし，一部または多くのメンバーが戸惑いを感じていることがあるかもしれません。そのようなときは，ファシリテーターはまずメンバーの戸惑いに自分が気づいていることを表明します。例えば，「みんなちょっと心配そうな顔をしているね」「微妙な雰囲気だね」などとフィードバックを行います。このようなフィードバックを行うことで，メンバーは「ファシリテーターは自分たちと共にいる」，「ファシリテーターが自分たちを置き去りにして一方的に何かを進めようとしているのではない」と感じ，安心することができます。その上で，「大丈夫だよ」「今日はこんなことをするよ」などと声をかけます（コラム「声かけについて」参照，p.117）。

2 スタートラインを引き直す

あるいはより多くのメンバーがワークに抵抗を示していることがあるかもしれません。そのようなときは，いったん時間をとって「どうしたんだろう？」「今，どういう気持ちなんだろう？」などと声をかけることが必要です。メンバーとファシリテーターの両者で現在の心身の状態について共有を図ります。メンバーの気持ちがまだワークに取り組む状態にない場合は，いったん進行を止めることが必要かもしれませんし，「何だったらできるかな？」とスタートラインの引き直しをした方がいい場合があるかもしれません。何がなんでも予定したことをやるということにこだわる必要はありません。臨機応変な対応も時には必要です。

15～20人程度の比較的少人数でワークを行う場合，私は最初に全員が円形に座り，そのときの気持ちを一人ずつひとこと言うことから始めます。そこで表明される「気持ち」にはさまざまなものがありますが，どんなことであっても拍手で認めることにしています。例えば，「やりたくない」「面倒くさい」などという気持ちが表明されることもありますが，そのような言葉にも拍手を送ります。自分の思っていること，感じていることを臆さず率直に表明することは，グループワークの一丁目一番地です。そのような気持ちを思ったままに表現することは，既にワークに参加していることの証ともいえるのです。

4 インストラクション

1 わかりやすい説明

ワークはファシリテーターのインストラクションによって始まります。

インストラクションは具体的にわかりやすく，明確に行います。丁寧に行うことも重要ですが，あまり長くなると話を聞いている途中でメンバーは飽き始めてしまいます。かといって，説明が不十分だとメンバーはどうしていいか理解することができません。インストラクションは必要十分であり，簡潔にして要を得ていることが重要です。

一度にたくさんのことを説明しないことも重要です。メンバーが受け取ることができるように，細かく分けて説明します。

2 デモンストレーションの重要性

デモンストレーションも大切です。言葉で説明するだけでなく，ワークの要点を実際にやってみせるのです。実際に見ることでメンバーはどうすればいいかをリアルに理解することができます。特に言語的・身体的表現を伴うワークの場合，このことは重要です。表現にかかわるワークのやり方を頭の中だけで理解して取り組むのは少なからぬ困難を伴います。

学級担任がファシリテーターの場合，このデモンストレーションを担任が実際にやってみせることもとても重要です。担任が実際に取り組む姿勢を見せることでメンバーのモチベーションは大きくあがります。

3 楽しそうにやる

さらにこのとき，楽しそうに行うことが重要です。笑顔で行われる楽しそうなデモンストレーションを見るだけで，メンバーは「自分がやったらどうなるだろう？」と心の中でイメージを膨らませ，ワークへのモチベーションは一層高まります。

また，このデモンストレーションを完璧にやろうとする必要はありませんし，失敗しても構いません。むしろ失敗することで，失敗することへのメンバーの恐れや抵抗をなくし，メンバーはより楽な気持ちでワークに取り組むことができます（コラム「楽しくすること」参照，p.180）。

5 グループ分け

1 誰とするか

　ほとんどのワークは小グループで行いますが，このときしばしば問題になるのがグループ分けです。「好きな者同士で組む」というやり方もありますが，それだといつも同じメンバーでグループをつくることになったり，グループメンバーの数を揃えるのが難しくなります。また，どのグループにも入れないメンバーが出てきたりすることもあり，あまり望ましいことではありません。グループワークの本来の目的に照らして考えると，できるだけ多くのメンバーとランダムにかかわることが望まれます。

　一方，近年の子どもたちの傾向として，「何をするかよりも誰とするかが重要」という心理があります。ワークでどのようなことをするかということよりも，誰と同じグループになって活動をするかということが重要なのです。これには 2 章 8 (p.29) で述べた人間関係への抵抗が関与していると考えられます。

2 トランプによるグループ分け

　そのような心理に一定程度配慮しつつ，さまざまなかかわりを促す 1 つの方法として，トランプのカードを使ったグループ分けがあります（コラム「トランプを使ったグループづくりについて」参照，p.83）。このやり方だと自らの意思でグループをつくるかわりに，カードというツールに作業を委ねることで，心理的な負担を減らすことができます。

　同じ数字のメンバー同士で集まることで 4 人までの計 13 グループをつくることができますし，トランプを 2 セット使えば，最大 8 人までのグループをつくることもできます。また，4 種類のマークや赤・黒の色を使って大人数の 2～4 グループをつくることもできます。

　できれば，早期の授業でトランプを使ったグループ分けを一度体験しておくと，次回以降，スムーズにトランプを使ったグループ分けを行うことができます。

3 グループの組み換え

　また，1 時間の授業の間に途中でグループの組み換えをするといい場合があります。同じメンバーで何度もワークを繰り返していると，段々，「飽き」が生じてきます。そのような場合は，途中でカードの交換タイムを設けてメンバー全員がカードの交換を行い，グループの組み換えを行うことで，人間関係と気分をリセットして新たな気持ちで後半の活動に取り組むことができます。「ファシリテーターが 10 数える間にカードを裏返して 3 回以上他の人と交換すること」などとしてメンバーのシャッフルを促すことができます。

4　挨拶の促し

　新しくグループをつくったときはファシリテーターが率先して「それでは皆さんでご挨拶をしましょう。こんにちは！」などと声をかけることでメンバー同士の挨拶を促すことができます。グループを解散するときは「お疲れさまでした！」「ありがとうございました！」などと声かけをすることでメンバー相互の交流を活性化し，活動にメリハリをつけることができます（コラム「あいさつについて」参照，p.67）。

6 オープンマインドと介入

1 グループワークの矛盾

　第１章５「グループワークを支える３つのマインド」でも述べましたが，そもそもグループワークとは矛盾した活動です。さまざまなワークは，あらかじめ目的と手順をもって構成されており，「枠にはめる」という本質的な特徴をもっています。その意味ではグループワークは予定調和的な特質をもつ「決まった」活動です。ところが，いったんワークが始まるとそれはファシリテーターの手を離れて「その場」のものになります。「その場」とは，複数のメンバー相互とファシリテーターがかかわり合う状況（フィールド）のことです。例えば，１人のファシリテーターが同じワークを繰り返し行っても，その様子は毎回同じとは限りません。メンバーが相互にかかわり合うことで生み出される状況は毎回異なるのです。

2 オープンマインド

　グループワークはこのような相互作用の上に成り立っている本来矛盾した活動です。
　この矛盾にしなやかに対応するにはオープンマインド，すなわち開かれた心が必要です。オープンマインドとは，予断を持たず，今，ここにいてあらゆる可能性を受け入れるということです。言い換えると，それは何が起こるかわからないというリスクを受け入れるということです。そもそもグループワークにおいては，一人ひとりのメンバーの体験に正解や模範解答のようなものはありません。どんなことを感じたとしても，一人ひとりのメンバーにとっては意味があり，それが正解なのです。そして，それを見つけることを促すのがオープンマインドなのです。

3 見ること

　オープンマインドでグループワークに臨むとは，まずグループワークが行われている場とメンバーをありのままに見ることです。そこで何が起きており，どのような状況になっているのか，あるいは何が起きていないのか，ということを先入観なしに観察します。見たいものだけを見て，見たくないものを見ないのはオープンマインドではありません。例えば，積極的に活動しているメンバーやその笑顔ばかりを見て，浮かない顔をしているメンバーやワークに消極的なメンバーを見なかったことにするのはオープンなマインドではありません。オープンマインドでワークの様子を眺めたら何が見えてくるでしょうか。場合によっては介入した方がいいことがあるかもしれません。

4　ルールが守られていない場合

　メンバーのルール理解が不十分だったり，間違って理解されていることがあるかもしれません。そのような場合は，再度ルールの説明をします。

　あるいはルール設定にそもそも無理があったかもしれません。また，メンバーの理解度や準備状態に対する配慮に不足があったかもしれません。そのような場合は，いったんワークの進行を止めて，修正を図る必要があります。そして，それは全体に対してアナウンスされる必要があります。

5　ふざけが生じている場合

　一部のメンバーがふざけていることがあるかもしれません。その場合は注意をします。そのような状況を見なかったことにして「流す」ことは避けるべきです。また，中にはふざけが高じていわゆるいじめに近い状況が起こる場合があるかもしれません。例えば比較的構造のゆるい状況で特定のメンバーにばかり課題を振ったり，あるいはその逆のことをしたりということです。そのような場合はきっぱりと禁止し，必要に応じて「スタートライン」に立ち帰ります。

6　ワークに参加していない場合

　ワークに参加しないメンバーがいる場合は，その理由を探ります。体の具合が悪いのかもしれませんし，たまたま気分がのらないのかもしれません。体の具合が悪い場合は，休養を指示した方がいいでしょう。単に気分的な問題の場合は，無理をしないよう指示をして，様子を見ます。

　明らかに参加に拒否的な場合はより慎重な対応が必要になります。拒否の原因はどこにあるのかを探ります。ワークの内容にあるのか，進行の仕方にあるのか，グループのメンバーにあるのか等々を検討します。重要な点は参加を強制しないことです。少なくともその場にいる限り，他のメンバーの活動の様子を見たり，声を聞いたりすることにより，そのメンバーは間接的にワークに参加していると言えます。あえて参加を無理強いしても，本質的に何も得るものはありません。逆に，参加はしないままその場にいると，時間が経つうちに気分が変わって，少しずつ参加し始めることもあります。あるいは，他のメンバーと同一条件での参加が難しい場合は，ではどのような形だったら参加できるのかを考えて，可能な条件を提供することもよいでしょう。

7 シェアリング

1 シェアリングとは

　ワークが終了したらシェアリング（sharing）をします。シェアリングとは，ワークでの体験をメンバーと共有することです。一般的には「感想」を話し合うことです。

　ワークに参加することでメンバーはさまざまな体験をします。その体験を言葉にして他のメンバーと共有することで，自分が体験したことをより明確にして振り返ることができます。

　また，同じワークを体験しても，メンバーによってその受け取り方が異なっていることがあります。そのような各自の体験を言葉にして共有することで，自分と他者の感じ方の違いに気づくこともできますし，また，このことは個人の中での体験の定着にもつながります

2 体験の重要性

　このシェアリングの前提として，ワークにより語られるべき体験がメンバーに生じているということが重要なポイントです。ときには語られるべき体験がなかったりすることもあるかもしれません。語られるべき体験がないのに，シェアリングを強制することは，乾いた雑巾を絞ろうとするようなもので，これはメンバーを苦しめることになってしまいます。

　逆に，メンバーがとても有意義な体験をして，それを誰かに話したい，誰かと共有したいと思っていることがあるかもしれません。それは水をたっぷり含んだタオルの状態です（図3-3）。このタオルを軽く絞れば簡単に水が滴り落ちます。この水がメンバーの体験です。

　ワークの最中からメンバーの表情等をよく観察して，その場で起きていることを把握する

図3-3　水をたっぷり含んだタオル

ことが重要です。また，その際，必ずしもファシリテーターの意図に沿った肯定的なことを語る必要はありません。「つまらない」「意味がない」等否定的な感想があれば率直にそれを語り，できるならばなぜそのように感じたのかを掘り下げることが望まれます。

③ ポイントを指示する

　漠然と「感想を話し合いなさい」という指示をしても，何を話したらいいかわからないことがあります。各ワークは「構成」があって成り立っており，「構成」があったので積極的に参加できたという側面があります。ワークに参加して盛り上がったとしても，その後のシェアリングで漠然と「感想」を指示されてもうまく話すことができないのです。これを避けるためにはシェアリングも「構成」することが重要です。「構成」のポイントは「何を語るのか」「どれくらい語るのか」「どういう順序で語るのか」といったことです。

　例えば「今回のワークをやってみて楽しかった（ためになったこと，感じた）こと（何を語るのか）を1人一言ずつ（どれくらい語るのか），時計回りに（どういう順序で語るのか）話してください。時間があったらその後で自由に話し合ってください」といった指示をすることで，シェアリングを容易にすることができます。

④ 体験の立体化

　そもそも，シェアリングは予定調和の活動ではありません。何を語るかはメンバーの自由です。ワークや授業の目的に沿ったことを言う必要はありません。あるいは，ワークや授業の目的に反したことや否定的な感想が語られることがあるかもしれません。そのような感想が表明された場合は，ファシリテーターがそれらの感想を取り上げ，全体で共有を図る等の対応をすると，他のメンバーの感想と合わせて全体の体験がより立体的になります。要は，その活動を通してメンバーが何を感じたか，リアルに皆で共有されることが重要なのです（図3-4）。

図3-4　シェアリングによる体験の立体化

8 グループワークの進め方〈まとめ〉

ここまで述べてきたグループワークの進め方の要点をまとめると以下のようになります。

1. アセスメント
心理的安定と心のエネルギーの二面からメンバーの状態をアセスメントします。

2. オリエンテーション
グループワークでの体験を受け止める心の受け皿をつくります。

3. スタートライン
メンバーのいるところがスタートラインです。

4. インストラクション
最適な長さで語りかけ，ワークに向けてイメージを膨らませます。

5. グループ分け
必要に応じ，ツールを活用して心理的負担を減らします。

6. オープンマインドと介入
枠にはめつつ開いていくというグループワークの矛盾に対応するオープンマインドが重要です。

7. シェアリング
シェアリングも構成します。

8. 3つのマインド
信じる，楽しくする，開く，の3つのマインドを意識してワークの場に臨みます（第1章参照）。

第**4**章

月別ワーク

モジュール実施について

4月：**1 時間目**………… モジュール対応
○他者理解・関係づくりⅠ
1. 手合わせ
2. 風船ゲーム
3. 一歩前へ！
4. スゴロクトーキング・
   サイコロトーキング

5月：**2 時間目**………… モジュール対応
○他者理解・関係づくりⅡ
1. 共通点探し
2. ウソ１つ
3. 数字合わせ

6月：**3 時間目**………… モジュール対応
○ソーシャルスキルⅠ
【発声編】
1. 聖徳太子ゲーム
2. ボリュームアップ！
3. 声合わせ
【アイコンタクト編】
4. 私あなた
5. トランプステイタス

7月：**4 時間目**………… モジュール対応
○ソーシャルスキルⅡ
1. 電話でGO！
2. 人間コピー機

（夏休み）

9月：**5 時間目**………… モジュール対応
○身体表現
1. おもちゃジェスチャー
2. 仕事ジェスチャー・
   1人バージョン
3. 仕事ジェスチャー・
   2人バージョン
4. 私は木です

10月：**6 時間目**……… モジュール対応
○言語表現
1. 知ってるよ！
2. それはちょうどいい！
3. シェアードストーリー
4. ワンワード

11月：**7 時間目**……… モジュール対応
○共感力Ⅰ
1. ５つの扉
2. お見立て
3. 私は有名人

12月：**8 時間目**……… モジュール対応
○共感力Ⅱ
1. 何やってるの？
2. 秘密のセリフ・Ⅰタイプ
3. 秘密のセリフ・Ｙタイプ
4. 秘密のセリ・Ｆタイプ

1月：**9 時間目**
……モジュール対応（WANTED!）
○他者理解・自己理解Ⅰ
1. WANTED!
2. あなたはきっと

2月：**10 時間目**
○他者理解：自己理解Ⅱ
1. Who am I?

その他のワーク………… モジュール対応
・上下ドン！
・手パチン！
・Bang!
・人間知恵の輪
・オオカミとヒツジ

モジュール実施について

1　モジュール実施の提案

　現在，学校現場は多忙を極めており，グループワークの時間を定期的に確保するのは容易なことではありません。

　そのような中で，特別活動や総合的な学習の時間を一定程度活用することができれば望ましいことと考えられますが，それ以外に，朝の会・帰りの会やその他の学校裁量の時間があります。そのような時間を，「朝読書」の時間などとして，毎日，短時間の実践をしている学校は少なくありません。これらはおおむね 10～15 分程度で，一度に長時間を確保することはできませんが，一定の時間を日常的に確保することができるというメリットがあります。

　本書では，そのような時間を活用してグループワークを実践することも考慮して，モジュール方式を取り入れました。モジュールとは，システムの一部を構成するひとまとまりの機能をもった部品のことですが，本書で扱っているワークは一部を除いていずれも 10～15 分程度で実施可能であり，かつ一定の目的を持ったもので，いわばモジュール的機能を有しています。これにより，1 回 10～15 分程度の朝の会や帰りの会，その他の空き時間を定期的に少しずつ活用することで，総体として 1 つのテーマについて体験をすることが可能です。

　例えば，4 月 1 時間目の授業でしたら，月曜日に①**手合わせ**を，火曜日に②**風船ゲーム**を，水曜日に③**一歩前へ！**を，木曜日と金曜日に④**サイコロトーキング**を，といった流れで実施が可能です。

　このほか，朝の会でワークを行い，帰りの会でシェアリングを行うなど学校の実情に合わせて運用方法を工夫することもできます。

2　モジュール実施の留意点

　モジュール方式で実施する際，留意すべき点として以下の諸点があります。

　まず第 1 に，グループをあらかじめ作成しておくことです。3 章 5 でも述べましたが，現代の子どもたちは「何をするかよりも誰とするか」が大事という傾向があります。このため，グループづくりには思いのほか時間がかかりますが，事前にグループを作成しておくことで，グループづくりにかかる時間をカットすることができます。またその際，子どもたちの心理的負担を考えると，必ずしも毎回グループを組み替える必要はなく，連続する日程の中では同じグループで実施して差し支えありませんし，効率的です。

　第 2 に，手際よく実施することです。10～15 分という時間はワークの実施においては必ずしも十分な時間とは言えません。インストラクションにおいてちょっと言葉を重ねたり，

カード・プリント類の配布に手間どったりすると思わぬ時間がかかってしまいます。3章4でも述べたように、インストラクションなどは必要十分なボリュームで行うようにし、余計な時間をかけないようにすることが重要です。

　第3に、定期的に実施することです。本書提案の授業は1回（1時間）ごとに基本的に1つのテーマについて複数のワークから連続的に構成されており、その上での体験の積み上げを前提として成り立っています。一つひとつの体験は小さなものかもしれませんが、それを続けていくことで大きな体験につなげることができます。また、スケジュールの日程が空くと、1つの体験から次の体験までの間に空白が生じ、体験の連続性が損なわれる恐れがあります。これらを防ぐために、具体的には、例えば毎月固定の週を「グループワークの週」とし、その週の中で連続的に実施することにより、安定的に子どもたちの中に一定の体験を積み重ねていくことができます。その際、第2日目以降のワーク開始時においては、それに先立って前回の体験を簡単に振り返ることで、連続的体験のイメージ形成が促されます。これにより一つひとつのワークの体験が断片化するのを防ぐことができます。

　第4に、配列の順序を維持するということです。毎時間の一つひとつのワークには、各回のテーマに準じたそれぞれの狙いがあり、年間の構成においても子どもたちの心の流れを考慮して、自然な流れの中で積み上げ式にワークを体験できるよう計画されています（図4-1）。配列の順序を変えたり、途中のワークを省略したりすると円滑な心の流れが阻害され、戸惑いや抵抗・困難が生じる恐れがあります。

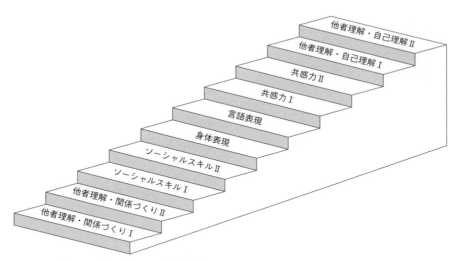

図4-1　積み上げ式にワークを体験する

　このようにモジュール実施にはさまざまな配慮が必要ですが、うまく実施できるならば大きな時間的費用対効果を上げることができます。なお、1月・9時間目の**あなたはきっと**と2月・10時間目の**Who am I?** は30～45分程度のまとまった時間をとって実施することが必要です。

人間関係をつくる

4月 1時間目

○ 他者理解・関係づくりⅠ
：互いを知り，人間関係を築く

　1年の始まりの時間です。中学校1年生，高校1年生にとっては新しい校舎・級友・先生との出会いの時期です。2年生，3年生の場合は，前学年において既に一定の人間関係ができている中で新しい人間関係をつくっていく側面もあります。そのような状況下で，特に1年生の場合は新しい物理的・心理的環境の中で不安を感じている子どもたちが多くいます。また，グループワークになじみのない子どもたちにとっては「そもそもグループワークって何？」という状態です。そうした子どもたちの不安に配慮しつつ，楽しむことに主眼におきながら，新しいクラス・級友へのかかわりの糸口をつくっていきます。まずはグループワークにポジティブな印象を持ちながら継続的活動への期待を抱くようにします。このことはグループワークに対する「心の受け皿」をつくっていくことにも繋がります。

構成

1. 手合わせ（10分）
2. 風船ゲーム（10分）
3. 一歩前へ！（10分）
4. スゴロクトーキング（20分）またはサイコロトーキング（モジュール対応）

場所

オープンスペースまたは教室

概要

- まず**手合わせ**で体のウォーミングアップを行います。相手とタイミングや呼吸を合わせることで他者を感じる効果もあります。少しずつ人数を増やして実施します。

- 手合わせが一定の人数に達したところで，**風船ゲーム**に移ります。風船で遊ぶことで童心に帰り，みんなでかかわり合うことを楽しみます。

- さらに同じメンバーで，**一歩前へ！**でお互いのことを少しずつ知っていきます。2〜3周回します。

- 最後は数人で**スゴロクトーキング**を通じて，さらに相互理解を深めます。**スゴロクトーキング**は20分程度の時間が必要ですが，まとまった時間がとれないときは**サイコロトーキング**として数分間ずつステージごとにモジュール実施します。

- **手合わせ**，**風船ゲーム**，**一歩前へ！**はオープンスペースで行います。**スゴロクトーキング・サイコロトーキング**は可能であればその場に座るか，机・椅子を用意します。

1. 手合わせ

拍手と互いの掌を合わせることを交互に続けていきます。体のウォーミングアップになるとともに，徐々に人数を増やしていくことで集団としての一体感を高めることができます。

● 人数

何人でも。2人組から始めて徐々に増やしていきます。

● 時間

10分間。

● 準備

特にありません。

● 進め方

1. 2人で向かい合って立ちます。

2. その状態で拍手を1回します。

3. その後，その両掌を向かい合って立つ相手の両掌と合わせます。これを続けていきますが，その際，拍手の回数を1回から5回まで1回ずつ増やして行きます。この間，相手と掌を合わせるのはそれぞれ1回ずつです。

4. 拍手が5回になったら再び1回まで1回ずつ減らしていきます。これを一連の動作として行います。途中で間違ったら最初からやり直します。

5. はじめは2人1組で行いますが，慣れたら4人，8人，16人などと徐々に人数を増やしていきます。3人以上で行う場合は，掌を目視することはできないので，手が合う位置を身体感覚で確認してから行います。

6. 可能であれば最後は全員で大きな輪になって行うと一体感が味わえます。

TIPS!

- 一部に身体的不器用さを示すメンバーもいますが，多少間違っても問題ありません。完璧を求める必要はありません。

- 人によって拍手のテンポが異なります。2人の場合は相手に，3人以上の場合は一番ゆっくりなメンバーに合わせる必要があります。

- 男女間で身体接触に抵抗が示される場合があります。そのようなときは無理をせず，可能な形で実施します。輪になる場合は，男女の間にスタッフが入ってもいいでしょう。

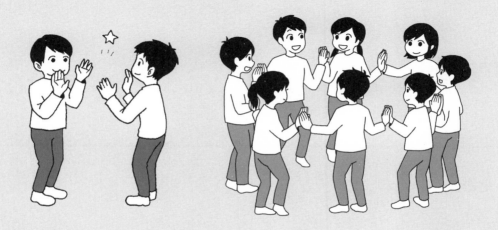

ステップアップ解説

- 体を動かすことを通じて心をほぐすとともに，「みんなで取り組む」「みんなで心を合わせる」というイメージを全員で確認し，共有していくという儀式的側面も含まれています。

- 一度の実施で終わりにするのではなく，空き時間などを利用して繰り返し実施することで，他者と協調していくマインドを徐々に形成していくことができます。

- 2人1組のときは自分と相手だけですが，人数が増えるにつれて，より多くのメンバーとテンポを合わせる必要が生じてきます。結果として意識が徐々に広がっていきます。

2. 風船ゲーム

風船を使ったバレーボールです。童心に帰りつつ，心と身体をほぐします。

● **人数**

1グループ数人～10人程度。

● **時間**

10分間。

● **準備**

風船。途中で割れることも考えて多めに用意します。

● 進め方

1. 各グループ数人～10人程度で大きめの輪になります。

2. 風船を使ってバレーボールをしますが，ルールが2つあります。1つは，「同じ人が2回続けて風船に触らない」ということです。もう1つは「みんなが平等に風船に触る」ということです。この2つを意識しながら，まずは体を慣らしていきます。

3. 体が慣れてきたら，言葉を言いながら続けます。数字や「あいうえお」を順に言います。慣れてきたら指定したカテゴリーのものの名前を順に言ったり，しりとりをしながら続けます。カテゴリーは動物，野菜，お店，料理，お菓子の名前などです。頃合いを見計らってカテゴリーを替えます。

4. 言葉に詰まったときは，「わからない！」「パス！」などと叫んで構いません。勝ち負けのゲームではありません。

TIPS!

● グループサイズはなるべく 10 人以下にします。10 人を超えると風船が全員に回りにくくなります。

● 数字や「あいうえお」をみんなで声を揃えて言いながらすると一体感を感じることができます。

● ものの名前を言いながら続ける場合は，だんだん言葉が見つからなくなりますが，そのようなときはファシリテーターの介入が待ち遠しくなってきます。

● 元気のいいメンバーの場合は，**手合わせ**と**風船ゲーム**の順序を入れ替えて，**風船ゲーム**から始めてもいいでしょう。

ステップアップ解説

● 風船には人を心理的に退行させる力があります。風船で遊ぶことで円滑な心理的退行を促し，ワークへの抵抗感をなくします。同時に体を動かすことで以後の活動へのウォーミングアップにもなります。風船の不規則な動きも場を和ませてくれます。

●「同じ人が 2 回続けて風船に触らない」「みんなが平等に風船に触る」というルールを設けて他者と交替することを促すことで，自分のことだけでなく，周囲の状況に気を配る，他者に配慮するという意識が育ちます。

3. 一歩前へ！

　集団で輪になって一言ずつ自己開示をしながら，お互いの共通点を見つけていきます。意外な共通点が見つかって驚くこともあります。

●人数

　1グループ6〜12人程度。

●時間

　10分間。

●準備

　特にありません。

●進め方

1. **風船ゲーム**からの流れで，各グループで大きめの輪になって立ちます。

2. 順番に1人ずつ，自分の特徴を言って一歩前に出ます。特徴例は，「誕生月」「きょうだいの数」「住んでいるところ」「好きな○○」「○○をしたことがある」「○○と××なら○○が好き」などです。このとき，「眼鏡をかけている」「髪が長い」などの外見上の特徴は除くこととします。
   例：「私は11月生まれです」「私は2人きょうだいです」

3. 同じ特徴をもつ人がいたら，その人（たち）も一歩前に出ます。一歩前に出た人たち同士でお互いを確認したら，元の輪に戻ります。

4. 時計回りに同じように繰り返していきます。

●特徴は外見上の特徴でなければなんでも構いませんが，みんなに注目されるととっさに言葉が出てこないことがあります。そのような場合に備えて，「誕生月」「きょうだいの数」などのカテゴリーのヒントを黒板やホワイトボードに書き出しておくこともできます。

●2〜3周回った後，時間に余裕があったら「自分以外に1人だけいそうな特徴」に挑戦してみます。自分らしさを考えるきっかけにもなります。

ステップアップ解説

●意外な特徴を複数のメンバーが共有していたり，またはその逆のことがあったりします。非常にシンプルなワークですが，相互理解や一体感の形成を円滑に進めることができます。

●「自分の特徴を言って」と指示しますが，進行上で「〜な人」という言い方に変わることがあります。「私は〜です」と言うと自分事ですが，「〜な人」と言うと他人事になります。心のどこかで，自分事として引き受けるよりも，他人事として少し離れたところに置きたい心理が無意識のうちに働くことがあります。

4. スゴロクトーキング・サイコロトーキング

小グループでサイコロで出た目の話題を話すことを通して，相互理解を深めます。

● 人数

4〜5人1組程度。

● 時間

スゴロクトーキング 20分間，サイコロトーキング 各ステージ 数分間

● 準備

スゴロクトーキングシート，コマになるもの，サイコロトーキングプリント，サイコロ

● 進め方【スゴロクトーキング】

1. スゴロクトーキングシートとサイコロを配ります。メンバーはコマになるものを用意します。

2. サイコロを振って，ホームから左方向へ進み，止まったマスの話題を話します。

3. ネコの絵のマスでは，それまでに通り過ぎたマスの話題を選んで話します。

4. 順に交替して話します。

● 進め方【サイコロトーキング】（モジュール対応）

1. サイコロトーキングプリントとサイコロを配ります。プリントはその日の活動時間に合わせて，配布枚数を調整します。

2. サイコロを振って，出た目の話題を話します。

3. 各ステージにつき1人あたり1〜2回話します。話す時間はファシリテーターが指示します。

58

- 人数は 5 人が最適です。4 人だと自分以外に 3 人となり，他者の話を聞く機会が限られます。6 人だと順番が回ってくるのに時間がかかり，待ちきれなくなることがあります。

- スゴロクトーキングシートはネコの絵で区切られた全部で 5 つのステージ（ゾーン）から構成されています。

- モジュール実施の場合（**サイコロトーキング**）は，毎回ステージ別に 1 枚ずつ小分けにして実施します（p.61〜p.65）。また，サイコロがなくても「話したい話題を各自が選ぶ」というやり方で進めることもできます。

ステップアップ解説

- 「話した人に質問することもできます」とアナウンスしても，中学生・高校生年代の場合，実際には他のメンバーに質問することはあまり多くありません。**スゴロクトーキング**は「話すこと」と同じくらいに「聞くこと」によって成り立っており，両者は表裏一体の関係にありますが，まだ聞く力が十分に育っていないので質問に至らないと考えられます。**スゴロクトーキング**を期間を置いて 2 回実施する機会があったら，2 回目は「他者の話をよく聞いて，何か質問してみよう」と促してもよいでしょう。生徒たちが自分たちの成長に気づくきっかけづくりにもなります。

スゴロク トーキング

やりかた：

1.一人ずつホームからスタートし、サイコロをふって、止まったマスの話題を話します。
2. のマスではそれまでに通り過ぎたマスの話題を選んで話します。
3.話した人に質問することもできますし、話したくない話題はパスすることもできます。
4.勝ち負けはありません。ゆっくりお話を楽しんでください。

ホーム

欲しいもの
欲しい能力
いつか行きたい所
いつかやってみたいこと
密かな夢

今朝起きた時間
明日が地球最後の日だとしたら
世界一の大金持ちになったら
占い師がなんでも教えてくれるとしたら
生まれ変われるとしたら

今朝の朝食
昨日家に帰った時間
昨日の夕食
夕べ寝た時間
今夜9時に何してる

タイムマシンがあったら
最も古い記憶

今までに見た一番きれいな景色
今までで一番怖かったこと
今までで一番うれしかったこと
今までに負った一番重い怪我
今までに行った一番遠い所

ささやかな楽しみ
好きな有名人
家族からよく言われること
人からほめられたこと

サイコロトーキング
ステージ1：日常生活

⚀　今朝起きた時間

⚁　今朝の朝食

⚂　昨日家に帰った時間

⚃　昨日の夕食

⚄　夕べ寝た時間

⚅　今夜9時に何してる

・指示があるまで順にお話を続けてください。

サイコロトーキング
ステージ２：一番の体験

⚀　今までに行った一番遠いところ

⚁　今までに負った一番重い怪我

⚂　今までで一番うれしかったこと

⚃　今までで一番怖かったこと

⚄　今までに見た一番きれいな景色

⚅　⚀〜⚄から好きな話題を選んでください

・指示があるまで順にお話を続けてください。

サイコロトーキング
ステージ３：小さな秘密

⚀　ささやかな楽しみ

⚁　好きな有名人

⚂　家族からよく言われること

⚃　人からほめられたこと

⚄　最も古い記憶

⚅　⚀〜⚄ から好きな話題を選んでください

・指示があるまで順にお話を続けてください。

サイコロトーキング
ステージ４：非現実

⚀ タイムマシンがあったら

⚁ 生まれ変われるとしたら

⚂ 占い師が何でも教えてくれるとしたら

⚃ 世界一の大金持ちになったら

⚄ 明日が地球最後の日だとしたら

⚅ ⚀〜⚄ から好きな話題を選んでください

・指示があるまで順にお話を続けてください。

サイコロトーキング
ステージ5：希望

- ⚀　欲しいもの
- ⚁　欲しい能力
- ⚂　いつか行きたい所
- ⚃　いつかやってみたいこと
- ⚄　密かな夢
- ⚅　⚀〜⚄から好きな話題を選んでください

・指示があるまで順にお話を続けてください。

コラム　**スゴロクトーキング**

　スゴロクトーキングは実施が簡便で効果的なワークです。何をするか，どのようにするか，誰とするか，いつまでするかという構成性（p.10，図 1-5 参照）がはっきりしているため抵抗なくワークに取り組むことができ，小グループであらかじめ設定された話題を話すことで短時間のうちにメンバーの相互理解が進みます。日常的な話題から，徐々に深い自己開示に進むよう構成されており，少しずつ個人の内面に迫っていく構造になっています。サイコロの目によって進むという偶然性がありますが，基本的に 5 〜 6 つずつ同じテーマに属する話題が続いているため，各メンバーは共通した心理状態でワークに取り組むことができます。

　一方で，実際に学校でこのワークを実施していると少々気になる事態が生じることもあります。それは，ワークが比較的短時間に終わってしまうことがあるということです。

　スゴロクトーキングを一般の成人 5 〜 6 人で実施すると通常 30 〜 40 分程度の時間がかかります。他方，子どもたちで実施すると 15 分程度で終わってしまうことがあります。

　このことについて，従来の**スゴロクトーキング**では最終的にゴールが設定されており，メンバーはゴールを目指して進むという形になっていました（正保，2019，下図参照）。**スゴロクトーキング**では，先にあがることを競うのではなく，会話を楽しむことを主眼としていますが，ゴールが存在することで無意識のうちにメンバーの競争心を刺激している可能性もありました。このため本書ではゴールをなくし，ホームからスタートしてホームに帰るという形を取っています。

　もう一つの大きな要因として，そもそも会話は自分が話すことと相手の話を聞くことの 2 面から成り立っているという点が挙げられます。**スゴロクトーキング**という名称ではありますが，このワークの半分は相手の話を聞くことから成り立っています。ところが中学生〜高校生年代では他者の話を聞く能力がまだ十分に育っていないため相手の話によく耳を傾けることができず，それより自分が話すことに意識が偏りがちです。結果として，トークが単発で終わってしまい，広がらないという嫌いがあります。このことについて短時間のうちに変化を求めることは困難ですし，そのことを意識しすぎるとワーク自体を楽しむことが難しくなります。

　本書の立場としては，急な変化を求めるのではなく，メンバーのゆるやかな成長に期待するというものです。可能であれば，**スゴロクトーキング**を一度の体験で終わりにするのではなく，一定の期間をおいて再度実施することが望まれます。それにより，メンバーは自分の成長を再確認する機会を得ることもできます。

スゴロクシート（正保，2019）

66

挨拶について

　グループでワークを始めるにはまずグループをつくる必要がありますが，グループづくりではさまざまな抵抗に出会うことがあります。

　まず，開始の時点においてメンバーは仲のいい者同士で隣り合っていること（ペアリング）が少なくありません。そこから始めてランダムにグループをつくろうとすると抵抗に出会います。

　そんなときにお勧めなのは，友だちと「さようなら！」と"お別れの挨拶"をすることです。ファシリテーターが「今，みんな仲良しのお友だちと一緒になっていますね。これからしばらくお友だちとはお別れをします。それではみんなで声をかけましょう。『さよなら！』」などと声かけをすると案外あっさりとペアを解消できます。

　その後，新しいグループをつくったときは，再びファシリテーターが声をかけます。「それでは次のワークはこのグループでやります。ではお互いに挨拶をしましょう。『こんにちは！』（あるいは『よろしくお願いします！』）」などと声かけをすると，みんなでお互いに声をかけあってお互いの距離を縮めることができます。

　9月：5時間目のジェスチャーゲームや，10月：6時間目の言語表現などのように，小グループの構成と解体を繰り返す場合は，そのつど，「こんにちは！」「さようなら！」と繰り返します。

　自分から自発的に人間関係を変化させることには少々抵抗がありますが，ファシリテーターがちょっときっかけを与えることにより，みんなで一緒にやることは案外簡単なものです。このような解体と構築を何度か繰り返すうちにだんだんとグループづくりに対する抵抗が薄れていきます。

5月 2時間目

○ 他者理解・関係づくりⅡ
：相互理解を深める

　新学期になって1か月がたち，学校やクラスにも少しずつ慣れてきた頃です。新しい友人も何人かできていることでしょう。一方で，関係性はまだ一部に留まり，クラスのメンバーのことを広く，深く理解するには至っていないかもしれません。

　この時間は，お互いの理解を一層深めつつ，さらに新しい関係性をつくることにチャレンジします。

構成

1. 共通点探し（15分）
2. ウソ1つ（15分）
3. 数字合わせ（20分）

場所

教室またはオープンスペース

概要

● まず，**共通点探し**で 2 人もしくは 3 人 1 組で互いの共通点を探します。

● それから，**ウソ 1 つ**でさらにより深い自己開示を行い，互いの理解を深めます。

● 最後に，**数字合わせ**でイメージを媒介としたゲームに挑戦し，新しい関係性をつくります。

● **共通点探し**と**ウソ 1 つ**では，小グループの形成・解散を繰り返しますが，その際にトランプを補助に使うとよいでしょう。

1. 共通点探し

自分と他者との共通点を見つけます。

● **人数**

2人1組もしくは3人1組。

● **時間**

15分間（1回40秒～1分間程度の実施を2～3回繰り返します）。

● **準備**

トランプ（使用する場合）。

● 進め方

1. 2人1組もしくは3人1組になります。トランプを使う場合は，各自にトランプを1枚ずつ配り，同じ数字で集まるようにします。トランプの枚数はあらかじめ調整しておきます。

2. 2人（3人）で話し合って互いの共通点を見つけます。その際，外見上の特徴は除きます。制限時間は1分間です。

3. 制限時間内でできるだけたくさん見つけます。「質より量」が重要です。終了後，何個共通点が見つかったか確認します。

4. 相手を替えて，2～3回繰り返します。その際，「ファシリテーターが10数える間に裏向きにしたトランプを少なくとも3回以上交換すること」と指示して，カードの交換を促します。10数え終わったときに持っているカードで再度ペア（グループ）をつくります（コラム「トランプを使ったグループづくりについて」参照，p.83）。

TIPS!

● 長い時間やっていると苦しくなってくるのであまり長くやる必要はありません。短時間の実施を繰り返します。

● トランプを使ってペアをつくる際，メンバーが 26 人までなら同じ数字が 2 枚ですがメンバーが 28 人以上の場合は同じ数字のカードを 4 枚使うことになりますので，「黒のエース同士」「赤の 8 同士」などのように指示します。

ステップアップ解説

● あまり深く考え込む必要はありません。短時間の間にたくさん見つけようとすることで，頭を柔らかくし，発想を柔軟にする効果があります。

● 1 回目 60 秒，2 回目 50 秒，3 回目 40 秒というように時間を徐々に短くしていっても，見つかる共通点の数はあまり減らず，逆に増えることがしばしばあるのも面白い点です。

2. ウソ1つ

　自分について3点紹介しますが，そのうちの1点は真っ赤なウソにします。メンバーは他者の紹介を聞いて，どれがウソかを考えます。

●人数

3人1組。2人1組でもできます。

●時間

15分間。

●準備

特にありません。

●進め方

1. グループに分かれて，Aさん，Bさん，Cさんとなります。

2. Aさんから順番に自分について3点「自己紹介」をします。その際，そのうち1点は全く事実と異なることにします。はじめに紹介内容とウソを考える時間を1分間程度とります。

3. 他のメンバーは，「自己紹介」を聞いて，どれがウソかを考えて当てます。

   〈自己紹介例〉

   ①「私が好きな動物はイヌで家ではイヌを3匹飼っています」

   ②「私が好きなスポーツは野球でよく公園で草野球をします」

   ③「私の好きな食べ物はラーメンで，なかでも味噌ラーメンが大好きです」

   答え合わせ：「①がウソ。実はイヌは嫌いでネコを飼っています」

4. ウソは「真っ赤な」ウソであることにします。例えば答え合わせが「本当はイヌを2匹飼っています」というのは，事実と異なるかもしれませんが，2匹と3匹の違いはわずかな違いですので，適切ではありません。

5. 交替して実施します。

●自己紹介にウソを交えることでゲーム性を高め，相互理解を一層深めます。

●「自己紹介」の内容を考えるときは「カテゴリー」を指定すると考えやすくなります。例えば「好きなもの」「子ども（小学校，中学校）の頃」「スポーツ」「旅行」「趣味」「得意科目」に関することなどです。

ステップアップ解説

●どんなウソを交えるかを考えることで，自分自身に対する認識を改めるきっかけになります。答え合わせをした後は，「本当の自分」をめぐるやりとりが活性化します。

●ウソを見破ろうとして注意深く他者の話を聞くため，話を聞く際の集中力を高める副次的な効果もあります。

3. 数字合わせ

　自分と他者のイメージの世界の違いを理解し，感受性を高めながら，他者とかかわり合うことを楽しみます。

●**人数**

　10〜50人。

●**時間**

　20分間。2〜3回繰り返します。

●**準備**

　1〜50の数字を書いたカード（人数によって枚数を調整します）。

●**進め方**

1. 1〜50のカードを使って，イメージを使ったゲームをします。最初はあらかじめ1と50（最大数）のカードを抜いておきます。

2. 参加者にカードを裏向きにして配り，カードの数字を自分だけが見るよう指示します。他のメンバーにカードを見せたり，数字を教えたりすることはできません。

3. その上で以下の教示を行います。

　「これからみなさんは動物をイメージしてください」
　「今配ったカードの数字はあなたがイメージする動物の相対的な大きさを表しています。1のカードはとても小さな動物を表します」（と言いながらあらかじめ抜いておいた1のカードを示して）「ここに1のカードがあります。これを仮に『アリ』だとします。」それから「50（最大数）のカードはとても大きな動物を表します」（と言いながらあらかじめ抜いておいた50のカードを示して）「ここに50のカードがあります。これを仮に『ゾウ』だとします。みなさんは，それぞれ自分のカードの数字を元に自分の動物をイメージ

してください」

4. 全員が自分の動物を決めたことを確認したら，次の教示をします。

「それではみんな，自由に2人1組になってください。そしてお互いに自分がイメージした動物を紹介してください。そのとき，相手の動物を聞いて自分たちの持っているカードの数字が近いと思い，合意したら2人でペアになって空いている席に座ってください。遠いと思ったら，次の相手を探してください。全員が座ったら終わりですが，数字は秘密のままにしておいてください」

5. 話し合いは原則として2人1組で行います。場合により3人1組でも可としますが，それ以上で集まることはできない旨をアナウンスします。

6. 徐々にメンバーはパートナーを見つけていきますが，最後に残ったメンバーは妥協することになります。

7. 全員がパートナーを見つけたら終了し，ファシリテーターが合図をしてお互いの数字を確認します。数字が近かったペア，遠かったペアなどの確認をするとよいでしょう。

〈カテゴリー例〉

1. 工場で作っているもの……1：小さなもの ～ 50：大きなもの
2. 趣味……1：おとなしい趣味 ～ 50：活動的な趣味
3. 歴史上の人物……1：古代 ～ 50：現代（※日本史または世界史）
4. 海外旅行（都市）……1：近い海外の都市 ～ 50：遠い海外の都市
5. 音……1：小さな音 ～ 50：大きな音

【発展編】

8. 繰り返し実施する場合，2回目以降は最初から1と50（最大数）を含めたカードで開始して構いません。この場合，順序の条件のみ提示し，1と50のカードが何を指し示すかは各自の判断に委ねます。

● 参加人数に応じてカードの数は調整します。参加人数プラスαのキリがよい数がよいでしょう。

● カードを複数セット使えばもっと大人数で実施することができます（100人など）。

● 必要に応じ，1～50の数字は相対的な大きさを表すものであり，センチメートル等の単位を表すものではないことをアナウンスします。

● イヌの場合は大きさの範囲が広いので犬種も考えるよう指示します。

● ある程度以上の判断能力が必要です。

● グループ初期においては自己紹介を兼ねて人間関係形成を行うことができます。

● ペアづくりに困難がある場合は「ペアづくりのヒント・1」（p.77）を参照してください。

ステップアップ解説

● 数字が近いと思った相手でも実際は大きく異なっていることがしばしばあります。みんな心の中にそれぞれの物差しを持っていて，それに基づいて判断しているからです。ここから自分と他者の判断基準の違い等について気づきが得られ，他者の心の世界の存在について示唆が得られます。

ペアづくりのヒント・1

　思春期年代では男女で自由にペアを組むことが難しい場合があります。そのような場合は全員が2列になって向かい合って立ってペアづくりを行うこともできます。組み合わせを機械的に行うことで，個人の心理的負担を軽減します。

　数字合わせの場合，向かい合った2人でやり取りをして，互いに数字が近いと思い，合意ができたら列から抜けます。ペアでの一定時間のやりとりの後，ファシリテーターが声をかけて，残っている全員が同時に時計回りに1人分ずつ場所を移動して，次に向かい合った相手とペアになります。このとき，双方が同時に逆方向へ移動するので，相対的には2人分移動する形になります。

　参加人数が奇数の場合は，向かい合った2列の間に「1回休み」の場所を設け，そこに立ったメンバーは，やりとりを1回休むこととします。

　あまり人数が多いと列の維持・移動が混乱することがあります。1つのグループは最大20人程度以内とし，30〜40人で実施するときは，全体を2つのグループに分けるとよいでしょう。

　偶数人数で向かい合って一定方向に移動しながら対面すると，同じメンバーと繰り返しペアを組むことが生じます。数字合わせではペアがどんどん抜けていくので，そのようなケースは比較的少ないですが，角の位置を「固定席」として動かないように指示しておけば，同じペアができることを多少避けることができます（コラム「ペアづくりのヒント・2」参照，p.162）。

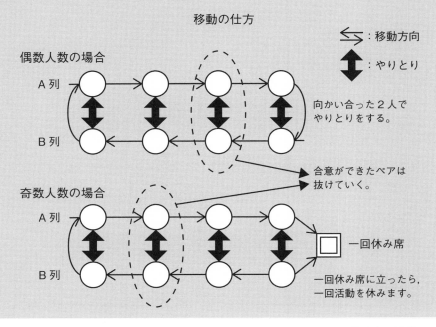

移動の仕方

6月 3時間目

○ ソーシャルスキルⅠ
：かかわる力をつくる

　お互いがかかわり合うソーシャルスキルに挑戦します。今回取り組むのは発声とアイコンタクトの2つで，いわゆる心の基礎体力の基本要素です。ここではきちんと声を出すことと相手の目を見ることに取り組みます。少々，盛りだくさんな構成になりますので，時間に余裕があれば発声編とアイコンタクト編の2回に分けて実施してもよいでしょう。

構成

【発声編】
1. 聖徳太子ゲーム（10分）
2. ボリュームアップ！（10分）
3. 声合わせ（10分）

【アイコンタクト編】
4. 私あなた（10分）
5. トランプステイタス（10分）

場所

　オープンスペース（【アイコンタクト編】はなるべく広い場所で行います）。

概要

【発声】

● **聖徳太子ゲーム**できちんと発声し，聞き取ることに取り組みます。

● その後で，**ボリュームアップ！**で大きな声を出すことに取り組みます。普段，あまり大きな声を出さないメンバーにとっては自分への挑戦でもあります。

● さらに，**声合わせ**で，大きな声を出しながらの駆け引きに取り組みます。

【アイコンタクト】

● **私あなた**でアイコンタクトを交わすことに慣れ，さらにそこに動きを入れていきます。

● 最後に**トランプステイタス**でアイコンタクトを活用したミニゲームを楽しみます。単なるアイコンタクトにとどまらず，アイコンタクトを介して他者と心を交わしていくゲームです。

1. 聖徳太子ゲーム

6月：3時間目

　発声側は複数の音からなる動物の名前を1音ずつ同時に発声し，聞き取り側はそれを注意深く聞いて動物を当てます。

● 人数

　5人1組もしくは4人1組。

● 時間

　10分間。

● 準備

　動物課題カード。

● 進め方

1. 「発声」側と「聞き取り」側に分かれます。3音で5人1組の場合，3人が「発声」側に，2人が「聞き取り」側になります（4人1組の場合は，聞き取る側が1人になります）。2音の場合，「発声」側が2人です。

2. 発声側はカードを引き，そこに書かれた動物の名前を3人で1音ずつ分担して同時に発声します。聞き取り側はそれを聞いて動物を当てます。発声側は，きちんとはっきりした声を出す必要があります。

3. 一度ではなかなか当たらないことが多いので何度も繰り返します。当たったら一人ずつ順番に時計回りに移動して交替していきます（移動の仕方，p.82）。

〈課題動物例・3音〉

●アシカ，アヒル，イタチ，イナゴ，イモリ，イルカ，イワシ，インコ，ウサギ，ウ
ズラ，ウツボ，ウナギ，カエル，ガチョウ，カツオ，カモメ，カラス，キツネ，キ
リン，キンギョ，クジラ，クジャク，クラゲ，コアラ，コブラ，ゴリラ，サザエ，
スズメ，ダチョウ，タヌキ，ツバメ，トカゲ，ドジョウ，トンボ，ナマズ，ネズ
ミ，バッタ，パンダ，ヒグマ，ヒツジ，ヒバリ，ヒヨコ，ヒラメ，ホタル，マグ
ロ，ミミズ，ムカデ，メダカ，モグラ，ヤモリ，ラクダ，ラッコ，など。

〈課題動物例・2音〉

●アリ，イカ，イヌ，ウシ，ウマ，エビ，カニ，カバ，カメ，カモ，クモ，クマ，コ
イ，サイ，サル，サメ，シカ，シャチ，ゾウ，セミ，タカ，タコ，チョウ，チー
タ，ツル，トド，トラ，ネコ，ハエ，ハチ，ハト，ヒョウ，フグ，ブタ，フナ，ヘ
ビ，ヤギ，リス，ロバ，ワシ，ワニ，など。

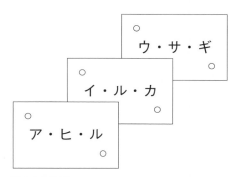

動物の名前カード

TIPS!

● 聞き取り側が2名の場合は，どちらか一人が聞き取れればそれでOKです。個人に対する負担を軽くするという点ではお勧めです。

● 3音より2音の方が聞き取り側は簡単ですが，発声側は一人当たりの責任がより重くなります。

● 一定回数繰り返しても当たらない場合は，答え合わせをしてカードを交換します。

移動の仕方（5人の場合）：例「イルカ」

ステップアップ解説

● 発声する練習だけでなく，集中して聞き取る練習にもなります。

● 各メンバーが自分に与えられた役割を確実に果たすという責任感を育てる効果もあります。以後のワークの実施に当たっても効果があります。

トランプを使ったグループづくりについて

　本書で紹介しているワークの多くは，少人数のグループをつくって実施します。そのとき，簡単にグループがつくれればいいのですが，なかなかグループをつくることができなかったり，なんとかできたとしてもメンバー相互の関係がぎくしゃくしてワークが円滑に進行しないことがあります。

　「好きな者同士で集まる」ようにすれば問題は解決するように思われますが，このやり方だと必ず「余る」メンバーが出てきます。また，回数を重ねることによりグループが固定化されてしまうという問題もあります。

　円滑なグループ形成を促す方法としてトランプの活用があります。同じ数字同士で集まることでグループづくりを進めます。トランプの偶然性にグループづくりを任せることで，メンバーの心理的負担を軽減し，グループづくりを円滑にすることができます。

　1 セットのトランプで 4 人までのグループを最大 13 グループつくることができますが，5 人以上のグループをつくることもありますので，トランプは 2 セットあると便利です。ワークの予定に合わせて，あらかじめ枚数を調整しておきます。あるいは，同じ数字を 5〜6 枚揃えたグループづくり用のカードを自作しておいてもよいでしょう。

　また，一連のワークとワークの間でグループを組み替えることも効果的です。そのときは，「ファシリテーターが 10 数える間に裏返したトランプを 3 人以上の人と交換すること」などとして，新しいグループづくりを促すことができます。

　サイズの大きいトランプが入手できればそれを活用することができます。グループづくりをする際に，お互いのトランプの数字を見せ合うにはトランプが大きい方が便利ですし，**トランプステイタス**（p.90-91）のように頭上にかざしたトランプを見せ合う場合も，大きいトランプが好都合です。

　なお，グループに分かれた後いきなりワークを行うのではなく，はじめに簡単な会話を行うとワークをより円滑に行えます。話題は，「好きなおにぎりの具」「好きな味噌汁の具」「昨日の晩ごはん」など身近な話題に関することで，これらを 1 人一言ずつ順に話すことで打ち解けた雰囲気をつくることができます。

2. ボリュームアップ！

● **人数**

数人〜10人程度。

● **時間**

10分間。

● **準備**

特にありません。

● **進め方**

1. 数人〜10人程度で大きめの輪になって立ちます。

2. 最初の1人が小さな声で適当な言葉を言います（「やったー！」など）。

3. 隣の人は最初の人より少し大きな声で同じ言葉を言います。このとき，急に大きな声を出す必要はありませんが，みんなが聞いて「前より大きい」と感じることができることが重要です。

4. そのまた隣の人はさらに少し大きな声で同じ言葉を言います。

5. これを順に繰り返し，輪を1周して最初の人に戻ったときに音量が最大になるようにします。最初の人は，はじめに自分が言った言葉を今度は最大ボリュームで発声します。

6. 順番に繰り返していきます。

TIPS!

●輪になって立った一人ひとりが音響装置のボリュームの1目盛りのイメージです。輪を回りながら徐々に声を大きくしていきます。

●人は意外に自分の声の大きさをわかっていません。気導音（耳から入って来る音）と骨導音（骨伝導で聞いている音）があるからですが，他人は骨導音を聞けませんので，自分が思ったほど大きな声が出ていないことがしばしばあります。自分がイメージする音量よりもさらに1段階大きな音を出すようにします。

●1周回って1人言い終えるごとに，みんなで拍手をするのもいいでしょう。

ステップアップ解説

●普段おとなしいメンバーでも，ゲーム的雰囲気の中で大きな声を出すことで，新たな自分を体験することができます。

●大きな声を出すことは「心の運動」をすることに似ています。最近大きな声を出したことがない，という場合は，心の運動不足ともいえます。このワークに取り組むことで心の運動不足を解消することができます。

3. 声合わせ

　みんなで同じテーマについて同時に発声します。最初はバラバラですが，強く自己主張するかまたは他の声に「乗り換えて」いくことにより，最終的に全員で声を揃えて同じ言葉を発声します。

● 人数

　数人〜10人程度。

● 時間

　10分間。1回あたり2〜3分間程度。何回か繰り返します。

● 準備

　特にありません。

● 進め方

1. ファシリテーターが「お題」を出します。お題は「運動会の人気種目と言えば？」「アニメの主人公と言えば？」などです。
2. メンバーはそれぞれ，心の中で自分の「選択」をいったん決めます。
3. それからみんなで声を合わせて，同時に各自の「選択」を発声します。当然はじめはバラバラです。
4. みんなで一斉に発声することを繰り返しながら，最終的に1つの「選択」にまとめます。その過程の中で，自分の「選択」を強く主張したり，他の「選択」に乗り換えたり，という方略が求められます。
5. 2グループ以上で実施する場合は，対抗戦形式とし，早く声が揃ったチームを勝ちとします。

　〈お題例〉

　　・遊園地のアトラクションと言えば？　国民の祝日と言えば？　秋の味覚と言えば？　おでんの具と言えば？　ファミリーレストランのメニューと言えば？　海外旅行に行くとすれば？　など。

TIPS!

● 複数グループの場合，ファシリテーターがタイミングをとって，各グループ同時に発声するようにします。

● かなりの音量になることが多いので周囲の環境に配慮します。

● 声が揃ったら着席するなどしてもよいでしょう。

● 大体，数回のうちに一致します。

ステップアップ解説

● **ボリュームアップ！** 同様，普段おとなしいメンバーでも，ゲーム的雰囲気の中で大きな声を出すことで，新たな自分を体験することができます。

● 最初の自分の選択にこだわる必要はありません。そのような意味での個人の勝ち負けのワークではありません。グループの状況を見ながらグループにとっての方略を立てていきます。

4. 私あなた

アイコンタクトをして，相手にメッセージを送ります。さらに場所の移動を加えることで集団に動きを生み出します。動きが連動することで集団の一体感を味わうこともできます。

● 人数

10〜20人程度。

● 時間

10分間。

● 準備

特にありません。

● 進め方

1. 全員で大きめの輪になって立ちます。
2. 1人が自分の胸に手を当てて「私」と言い，続いてその手で誰かを指して「あなた」と言います。
3. 指された人は，同様に自分の胸に手をあてて「私」と言い，つづいて別の誰かを指して「あなた」と言います。これを連動させて続けます。
4. 慣れてきたら2人以上が同時に進行することもできます。「私」「あなた」が複数同時に飛び交うことになります。
5. さらに慣れてきたら，「あなた」と言った後，指した相手の方に向かって歩いて移動します。指された人は，指した人が到着する前に，同様に「私」，「あなた」と言ってから歩き出し，スペースを空けます。指した人は空いたスペースに入ります。メンバーの動きは次々と連動することになり，すべてのメンバーが一体となった動きが生まれます。

TIPS!

- 相手の目をよく見て「あなた」を飛ばさないと，飛ばされた方は対象が自分か隣の人かがわからず，反応することができません。しっかりとアイコンタクトを交わすことが必要です。

- アイコンタクトを通してメッセージの受け渡しを確実に行うことを意識していきます。メッセージの受け渡しがうまく行っていないときは，いったん活動を止めて確実な受け渡しを意識するよう促します。

- 動きを入れた際，指された人は急いでとりあえずそのスペースを空けようとすることがあります。焦らず，落ち着いて次の人を指してから動き出すよう促します。

ステップアップ解説

- 普段，他者の目を見ているようで実ははっきり見ていないことがありますが，このワークはそのことに気づかせてくれます。知らず知らずのうちに，他者の目を見ることに慣れていきます。

- ソーシャルスキルに関する指導で「相手の目をしっかり見て話しましょう」などということがありますが，このワークでは指示的な力を働かせることなく，同じ効果を得ることができます。

5. トランプステイタス

　　トランプのカードを頭上にかざして互いに挨拶を交わしながら歩き，相手の態度・行動から自分のカードの数字を推測します。

●人数

　　10人程度～何人でも。

●時間

　　10分間。

●準備

　　トランプ。

●進め方

1．トランプのカードを配ります。その際，自分のカードの数字を見ることはできません。

2．カードの数字はその人のステイタス（地位）を表しており，13（K）が一番ステイタスが高く，1（A）が一番低いものとします。

3．メンバーはカードを頭上にかざして自由に歩きます。他者とすれ違うときは，アイコンタクトを交わして，挨拶（会釈）をしますが，その際，相手のステイタスに応じた挨拶（会釈）をします。

4．メンバーは自分に対する相手の態度・行動から，自分のカードの数字を推測していきます。他者に相手の数字を教えることはできません。

5．数分間歩いた後，各自が推測した数字の順になるように円形に並び，そこで一斉にカードを見て数字を確認します。

TIPS!

● 会場に鏡や反射するもの等がある場合は，カードの映りを避けるため，あらかじめ
　カバーなどをかけておくとよいでしょう。

● できれば複数回行い，はじめに 1（A）や 2 のカードが当ったメンバーには，次回
　配慮します。

●「会話タイム」を導入することもできます。途中で立ち止まって 2 人組で会話をし
　ます。会話のテーマは「昨日の夕食」や「休日の過ごし方」などに関するワークの
　設定の世界での架空の話とします。会話の内容からヒントを得ます。会話の時間は
　指示します（30 秒程度）。

〈会話例〉（　）内はトランプのカードの数字

A さん（13）:「夕べは高級ステーキを食べました」

B さん（8）:「なるほど，さすがですね。私はおにぎりでした」

A さん:「いやいや，あなたならもっといいものを食べるでしょう」

● 人数が多い場合は**数字合わせ**（p.74-76）で使用する 1～50 のカードを使っても
　できます。この場合は，ステイタスのステップが細かくなります。

● 最後に，自分の数字を確認するときはとても盛り上がります。

ステップアップ解説

● ゲーム性の強いワークです。ゲーム的雰囲気の中で，他者の目を見ること，他者と
　かかわることに慣れていきます。

7月 4 時間目

○ ソーシャルスキルⅡ
: かかわる力を使う

　もうすっかり学校にも慣れ，一定の人間関係ができている時期です。今回は，今までに培ってきたソーシャルスキルや人間関係の力を使ってより複雑なコミュニケーションや課題解決に取り組んでみます。お互いに適切なコミュニケーションをとることによって，伝えたいことをきちんと伝えたり，その上で，みんなで協力し合ったりする体験です。普段，あまり意識していなかったコミュニケーションの盲点に気づくこともできるワークです。

構成

　1.　電話で GO ！（25 分，人数により変動します）
　2.　人間コピー機（20 分，調整あり）

場所

　　教室，机がある場所

概要

● **電話で GO ！**は，言葉でお使いの行き先や経路を説明し，それを聞き取るコミュニケーションのワークです。説明する側にはある課題をきちんと相手にわかるように説明する力が求められ，聞き取る側には相手の説明を注意深く聞いて，正しく聞き取る力が求められます。

● **人間コピー機**も同様に他者と適切にコミュニケーションをすることが求められますが，それに加えてメンバーの一人ひとりが責任を果たし，グループで協力する力が求められます。

● どちらのワークも，普段何気なく発している言葉が，どのように相手に受け取られるかということを意識することになります。

● 結果の出来・不出来や巧拙の違いが現れます。

1. 電話で GO !

　「親が電話で子どもにお使いの行き先を説明する」という設定で，言葉によって相手にわかるように行き先と道順を説明します。どのように説明すれば相手に正しく伝わるか，自分の言葉が相手にどのように受け取られるのか，また，それらをちゃんと聞き取ることができるのかを体験的に学びます。

● 人数

　3 人 1 組。親役（1 人）と子ども役（2 人）に分かれます。4 人 1 組で子ども役を 3 人にして実施することもできます。

● 時間

　25 分間（人数により変動します）。メンバーが役割を交替して繰り返します。

● 準備

　電話で GO ！課題図形，書き取り用白地図，筆記用具。

● 進め方

1. 　親役が子どもたちにお使いの行き先と道順を電話で説明するという設定で行います。

2. 　全員に白地図を 2 枚ずつ配ります（3 人 1 組の場合）。1 枚の両面に印刷できます。

3. 　親役に課題地図を配り，以下の教示を行います。
　「外出中に急な用事ができて，今日中に行かなければならないお店へ行くことができなくなってしまいました。子どもたちに電話でお使いを頼みたいと思います。子どもたちにわかりやすく説明をして，ちゃんとお使いができるように教えてあげてください」

4. 　親役はスタート地点Ａから順に道順とお店の位置（丸数字）を説明します。数字順に行きますが道順の設定は親役の自由とします。このとき，電話での説明なので，親役は子ども役の手もとを見ることはできないこととします。また，親役は身振り，手振りは使えません。

5. 子ども役はそれぞれに親役の説明を聞きながら，道順とお店の位置（丸数字）を白地図に記入していきます。親役に聞き返すこともできます。

6. 1回の制限時間は5分間です（進行状況を見て，必要なら調整します）。制限時間になったら答え合わせをして何か所を正しく伝えることができたか確認し，感想を話し合います。

7. 役割を交替し，スタート地点をB（以後C，D）として続けます。

TIPS!

● 方角・左右などをどう使うかは自由です。

● お店1箇所を1ポイントとして子ども役1人につき最大10ポイントを割り当て，各親役が合計何ポイント獲得したかを確認し，競争することもできます。

● 子ども役が複数の場合，同じ説明を聞いても，みなが同じように聞き取るとは限りません。結果が分かれた場合，なぜそうなったのかを考えるよう促します。

● モジュール実施の場合は，1回（1人分）ずつ分けて実施します。

ステップアップ解説

● 自分が発する言葉が相手にとってもつ意味について考えるきっかけをつくることができます。例えば，「右」という言葉を，どういう視点で発するかによって意味することが異なってきます。

● 自分の思いやイメージを正しく他者に伝えることが，それほど簡単ではないことがわかってきます

白地図

・用紙の上半分を折って立てて，相手に自分の手もとが見えないようにしてください。
・電話を受けて，お店の場所を順に書き取ってください。お店は全部で 10 軒あります。
・道順も地図に書き込んでください。
・相手に聞き返すことはできます。

・・・・・・・・・・・・・・・（谷折り）・・・・・・・・・・・・・・・

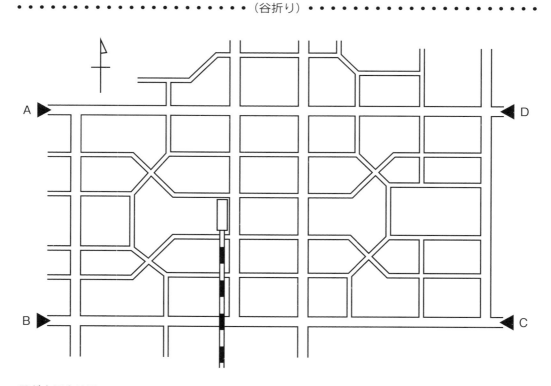

子ども用白地図

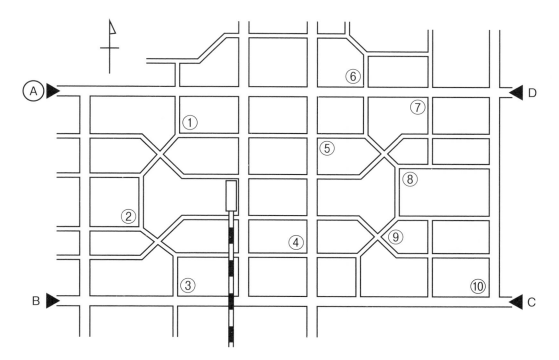

親用課題地図 A

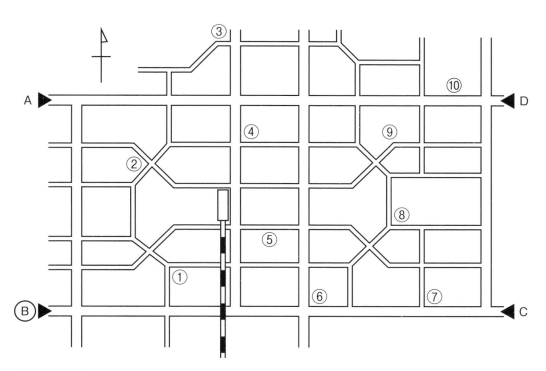

親用課題地図 B

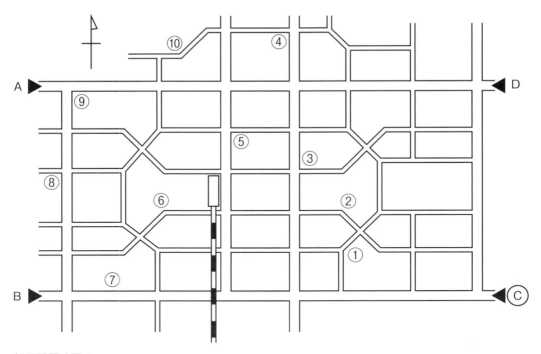

親用課題地図 C

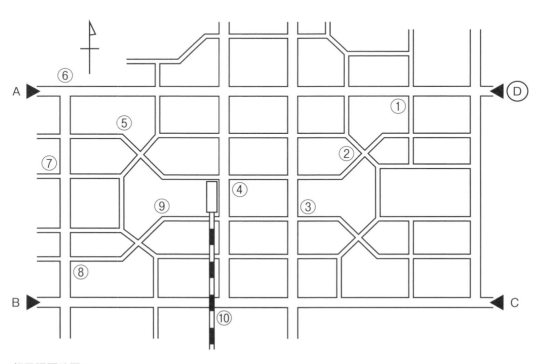

親用課題地図 D

コラム　カードについて

　本書で紹介しているワークでは，情報の提示のためにしばしばカードを使います（**数字合わせ**，**聖徳太子ゲーム**，**おもちゃジェスチャー**，**仕事ジェスチャー**，**私は有名人**，**秘密のセリフ**など）。

　カードにはホームセンターなどで売っている白紙の名刺カードを使うこともできますが，#200のケント紙や厚紙等を使って自作することもできます。サイズは縦5.5cm，横9.0cmです。

　カードには穴を空けておくと使わないときにリングを使ってまとめておくことができますが，その際，穴を対角線の2箇所に空けておくと，まとめるときにカードの方向を揃える必要がなく便利です。

（おもちゃジェスチャー）

2. 人間コピー機

　力を合わせて課題を達成することを通して，コミュニケーションをとることに加えて協力することと責任を果たすことの重要性を体験的に学びます。

●人数

　3〜4人1組が適していますが，2人1組，5人1組でもできます。

●時間

　20分間。

●準備

　課題図形，A3白紙（各グループ1枚），筆記用具（鉛筆，消しゴム），磁石（描かれた絵を黒板等に貼ります）。

●進め方

1. 小グループに分かれて着席します。

2. 次の教示を行います。

　「これから絵を見て来て写す課題をやります。○○（廊下，ホワイトボードの裏など）に絵を貼りました。その絵を見て来て写してもらいます。①絵を見に行けるのは1グループから一度に1人だけです。②絵を見に行く人は何も持たずに行きます。③絵は順番に見に行きます」

3. このルールを守っていれば，1人が何回でも見に行けます。その他，消しゴムは使っても構わないが，定規を使うことはできないこと，用紙は縦位置で使用することなど注意を促します。

4. 制限時間は10分間です（進行状況を見て，必要なら調整します）。終了3分前と1分前に予告します。

5. 終了後は各グループの絵を黒板に貼り出すなどして比較しますが，他チームの絵と比べることによって結果を客観視するとともに，絵の巧拙よりもそこに至るグループの協力へ関心を向けるようにします。

● 他のメンバーが描いた線を消すことに躊躇するメンバーもいます。初めに消しゴムの使用をためらわないようアナウンスするとよいでしょう。

● 課題図形「煙突」（初級），「サイコロ」（中級），「ペンローズの三角形とネコ」（中級），「ブロック」（上級）。「ペンローズの三角形とネコ」と「ブロック」では15分間程度必要です。

ステップアップ解説

● 成否のポイントは，メンバーの協力だったり，チームの作戦だったり，課題図形に対する視点だったりさまざまです。終了後，グループで成否のポイントを検討することにより，チームと個人に対する振り返りができます。時間があれば，課題図形を替えて，再度挑戦してみると変化や改善を実感できます。

● 一人ひとりのメンバーの積極的関与が重要です。この点では**聖徳太子ゲーム**(p.80)と同じく，責任感を育てる効果もあります。

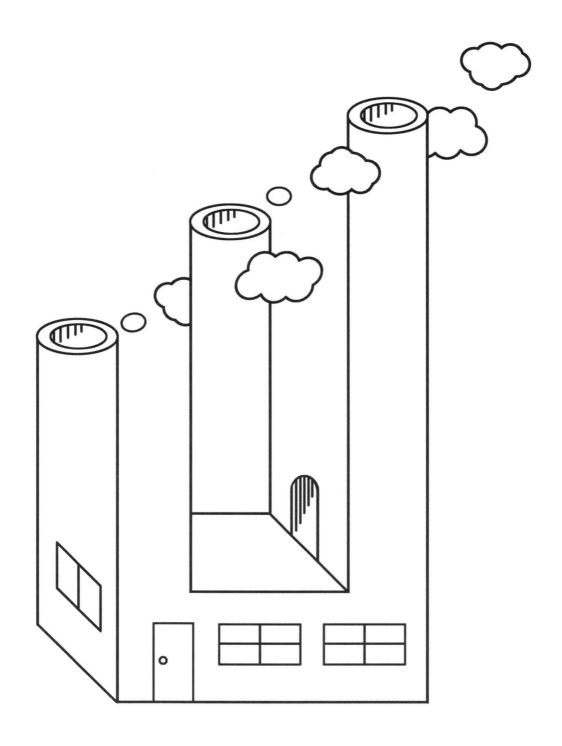

煙突

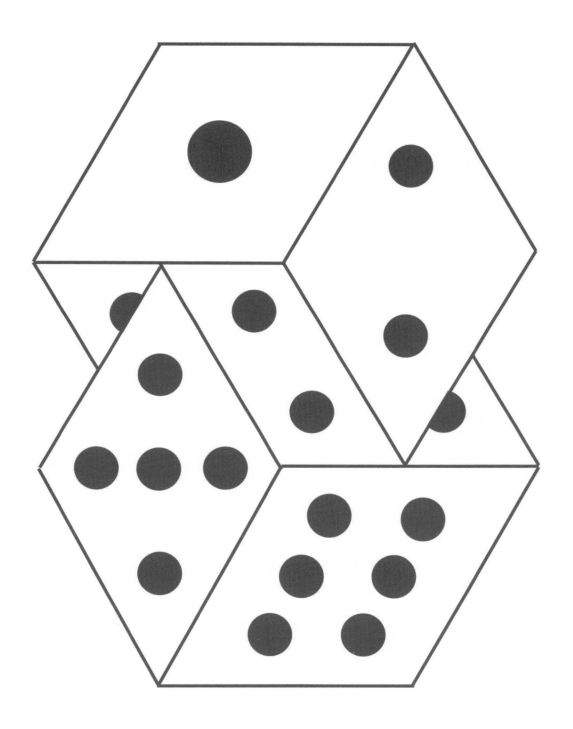

サイコロ

ペンローズの三角形とネコ

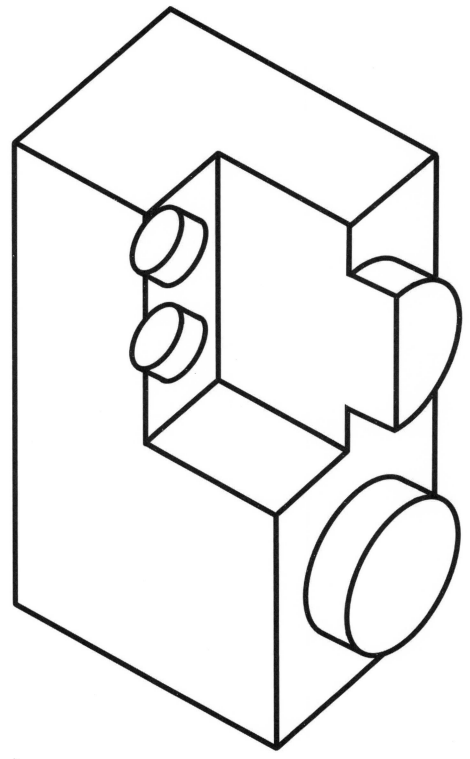

ブロック

表現する・共感性を育てる

9月 5時間目

モジュール対応

○ 身体表現
：体を使った表現に取り組む，他者とかかわり協働する

　夏休みが終わって新学期が始まりました。久しぶりに懐かしい顔に再会する時期です。4月・5月に行ったワークからいくつかを選択して，再度行ってみることもできますが，みんなで新しい活動に挑戦してみるのにもいいタイミングです。今回は，体を使った表現活動に取り組んでみます。発展的に他者と協働してイメージを形にすることにも取り組みます。10月（6時間目），11月（7時間目），12月（8時間目）と表現力を育てる時間が続きます。

構成

1. おもちゃジェスチャー（10分）
2. 仕事ジェスチャー・1人バージョン（10分）
3. 仕事ジェスチャー・2人バージョン（10分）
4. 私は木です（15分）

場所

オープンスペース

概要

● まず，**おもちゃジェスチャー**で体を使った表現に取り組みます。おもちゃやゲームを体で表現して伝えます。おもちゃやゲームをテーマにすることで，無意識のうちに童心に帰ることができます。また，思わぬ表現方法や意外なアイデアが出て，驚くこともあります。

● **仕事ジェスチャー・1人バージョン**は**おもちゃジェスチャー**の延長で，職業を動作で表現します。

● **仕事ジェスチャー・2人バージョン**では，パートナーとの連携が重要になります。互いにかかわり合うことの楽しさと重要性を遊びの感覚の体感できます。

● 上記の体験を踏まえて**私は木です**では，他者とかかわり合いながら体を使って表現し，イメージを共有することの楽しさを味わうことができます。

● どのワークもファシリテーターが一度やってみせることで，メンバーは理解が進み，また動機づけが高まります。

1. おもちゃジェスチャー

おもちゃやゲームをジェスチャーで表現します。どのように表現すれば相手に伝わるのか考えながら，アイデアを形にしていきます。自分がそのおもちゃで遊んだときの，体の記憶を想起します。

- ●**人数**

  4〜6人で1組。

- ●**時間**

  10分間。

- ●**準備**

  おもちゃジェスチャーカード

●進め方

1. 4〜6人でグループになります。

2. メンバー1人に課題が書かれたカードを渡し，メンバーはジェスチャーでそれを表現します。その場におもちゃはありませんが，あたかもそれがあるかのように体を使って遊んでみることがポイントです。言葉や音声を使うことはできません。

3. 他のメンバーは，そのジェスチャーを見て何かを当てます。当たったら順に交替します。
   〈おもちゃ・ゲーム例〉
   ○比較的易しいもの
   トランプ，剣玉，竹馬，金魚すくい，シャボン玉，竹トンボ，お手玉，だるま落とし，折り紙，糸電話，輪投げ，コマ回し，一輪車，凧（あげ），ホッピング，ブーメラン，フライングディスク（フリスビー），フラフープ，ダーツ，もぐらたたき，ヨーヨー，ルービックキューブ，ジェンガ，など。

○比較的難しいもの

花火，紙飛行機，紙風船，風車，積み木，ピロピロ笛（吹き戻し），将棋，チェス，カルタ，オセロ，UNO，スケートボード，キックボード，クレーンゲーム，黒ひげ危機一発！，ワニワニパニック，パンチングマシーン，エアホッケー，プラレール，人生ゲーム，太鼓の達人，レーシングカーゲーム，ベイブレード，ビリヤード，レゴ，ジグソーパズル，お絵かきボード，ドミノ（倒し），知恵の輪，など。

TIPS!

● そのおもちゃがその場にあるかのようにイメージすることがポイントです。

● 比較的易しいものから始めることでワークへの動機づけを維持しやすくなります。

ステップアップ解説

● 類似したおもちゃ・ゲームがありますので，その違いを意識することが重要です。例えば，ブーメランとフライングディスクは似ていますが大きな違いがあります。ブーメランは戻ってきますが，フライングディスクは戻ってきません。

● フライングディスクを表現するのに，イヌとじゃれ合うシーンから表現を始めることもできます。おもちゃを直接表現するのではなく，状況を表現することから始めるのです。このことは，「プラットフォーム」（p.137）に通じます。**私は有名人**や**秘密のセリフ**などのワークにも応用することができます。

● 自分がこの伝え方がいいと思っても，相手に伝わらなかったら別の表現方法を考える必要があります。その意味で一定の正解はありますが，真の正解はない課題とも言えます。

2. 仕事ジェスチャー・1人バージョン

　さまざまな仕事をジェスチャーで表現します。どのように表現すれば相手に伝わるのか考えながら，アイデアを形にしていきます。

●人数・グループ

　4~6人で1組。

●時間

　10分間。

●準備

　仕事ジェスチャー課題カード。

●進め方

1. 4~6人でグループになります。

2. メンバー1人に課題が書かれたカードを渡し，メンバーはジェスチャーでそれを表現します。言葉や声を使うことはできません。その仕事をしている人は，体をどんなふうに使っているかをイメージすることがポイントです。

3. 他のメンバーは，そのジェスチャーを見て仕事を当てます。当たったら順に交替します。
   〈仕事例・1人バージョン〉
   ○比較的易しいもの
   警察官，消防士，大工，ロック歌手，演歌歌手，オペラ歌手，指揮者，歌舞伎役者，モデル，カメラマン，寿司屋（寿司職人），清掃員，シェフ（コック），侍，忍者，など。

   ○比較的難しいもの
   パイロット，アイドル歌手，俳優（女優），バスガイド，お坊さん，画家，漫画家，チアリーダー，落語家，アナウンサー，科学者，政治家，宇宙飛行士，サラリーマン，OL，

主婦（夫），マジシャン，泥棒，刑事，警備員，気象予報士，など。

TIPS!

●仕事（職業）の呼称による違いは許容範囲です。

●その仕事（職業）の人になりきって，演じてみることが重要です。

●**おもちゃジェスチャー**は表現する対象がモノですが，**仕事ジェスチャー**は表現する対象が人になります。単に形態を演じるのではなくその仕事（職業）の人の心理や雰囲気を表現することも必要になります。

アイドル歌手

ステップアップ解説

●**仕事ジェスチャー**は仕事をしている人そのものが表現の対象であり，より演技的要素が大きくなります。普段の学校生活で目にすることのなかった，その人の新しい側面を発見する機会にもなります。

●**おもちゃジェスチャー**と同様に，相手に伝わる表現方法を考えることで，柔軟性・共感性・発想力が高まります。

3. 仕事ジェスチャー・2人バージョン

　2人で協力して仕事を表現します。1人では表現し，伝えることが難しい課題なので2人で協働することが重要になります。2人の連携がポイントです。

●人数・グループ

　　4〜6人で1組。

●時間

　　10分間。

●準備

　　仕事ジェスチャー・2人バージョン課題カード。

●進め方

1. 4〜6人でグループになります。1人バージョン時のグループのままでもできますし，時間に余裕があったらグループを組み替えてもいいでしょう（p.40参照）。
2. メンバー2人に課題が書かれたカードを渡し，ジェスチャーでそれを表現します。言葉や音声を使うことはできません。
3. 2人はそれぞれ役割をとってかかわります。
4. 他のメンバーは，そのジェスチャーを見て仕事を当てます。当たったら順に交替します。
5. 2回目に挑戦するときはパートナーを替えて取り組んでみましょう。

〈仕事例・2人バージョン〉

　○比較的易しいもの

　マッサージ師，学校の先生，占い師，医師，歯科医師，獣医師，看護師，漁師，猟師，（相撲の）行司，（野球の）審判，（サッカーの）審判，（スポーツの）コーチ，プールの監視員，ライフセーバー，救命救急士，ネイリスト，犬の美容師（トリマー），美容師・理容師（床屋），など。

　○比較的難しいもの

　（動物の）調教師，客室乗務員（CA），プロレスラー，騎手，試食販売員，映画監督，王様，

振り付け師，付き人（マネージャー），スタイリスト，保育士，ホールスタッフ（フロアスタッフ），探偵，神父・牧師，コンビニの店員，携帯ショップの店員，カウンセラー，ツアーガイド（添乗員），バス運転手，タクシー運転手，テレビレポーター，など。

TIPS!

● 仕事（職業）の呼称による違いは許容範囲です。

● 初めのうちは2人で相談して役割を決めてから取り組みますが，慣れてきたら，相談せずに即興で演じることに挑戦します。カードを見て，1人が相手に先んじて1つの役割を演じると，他方は自動的にその相手役を演じることになります。

● その仕事（職業）の人よりも，相手役の動きの方が重要な仕事（職業）もあります（王様，付き人，保育士など）。

歯科医師

ステップアップ解説

● **おもちゃジェスチャー**や**仕事ジェスチャー・1人バージョン**は個人の表現ですが，**仕事ジェスチャー・2人バージョン**は単に仕事を演じるのではなく，他者とのかかわりを促し，協働作業への意識をつくり出します。このことは，次の**私は木です**につながります。

● 相談せずに即興で演じることにより，柔軟な対応力や主体性・積極性が身につきます。

4. 私は木です

　みんなで協力してシーン（場面）の創造と解体を繰り返していきます。イメージの共有と豊かな発想がポイントです。

● 人数

　5人程度で1組。

● 時間

　15分間。

● 準備

　特にありません。

● 進め方

1. グループになります。
2. 以下の手順を一度，全員の前で演じます。
   1人が前に出て両手をYの字に広げて立ち，「私は木です」と言います。これで「木が1本立っている」というイメージをつくったことになります。
3. 次に2人目がその木に関する何かになって場面に入ります。
   例：「私はカブトムシです」
4. 以後，3人目「私はカブトムシを取りにきた子どもです」，4人目「私は子どもが持っている虫かごです」，5人目「私は夏の日差しです」というように続けます。
5. 全員が場面に入ったらいったん完成となります。そこで最初の木の役のメンバーが何か1つ残すものを指定します。例えば「子どもを残します」と言うと，子どもだけが残り，木の役を含めてそれ以外のメンバーはいったん場面から抜けます。
6. 次の場面は子どもが「私は子どもです」と言うところから始まります。
7. 次の2人目は子どもに関する何かになって場面に入ります。以下これをくり返していきます。前の人が提示したものを受け入れながら，みんなでイメージを共有し，新しいイメージをつくっていきます。
8. 時間がきたら終了です。

【発展編】

9. ２グループをペアにして演技チームと観客チームにわかれます。一方のグループが演じる様子を他方のチームが観客となって観賞します。交替して実施します。

TIPS!

● 場面に入るものは人やものだけではなくて，風・気持ち・概念など何でも構いません。正解はないワークです。

● 最初に担任が木を演じることにより，メンバーの参加意欲が大きく高まります。

● 誰かが場面に入るたびに，状況は変化していきますので，そのつど新しい状態に対応していくことになります。

ステップアップ解説

● イエスアンド（コラム「インプロとイエスアンドについて」参照，p.116）や言語表現，身体表現などさまざまな要素が凝縮されたワークです。

● 次々と変化する新しい状況に対応するのはなかなか大変です。自分がなろうとするものを考えるだけでなく，その場で起きていることをリアルタイムで観察する力が求められます。

● さまざまな状況への対応力や発想力のほか，チームとしての協力・一体感を育てることができます。

コラム　インプロとイエスアンドについて

　9月（5時間目）〜12月（8時間目）のワークはいずれもインプロ（impro）のワーク（インプロ・ゲーム）がベースになっています。ここで言うインプロとは即興演劇のことです。インプロは台本や打ち合わせなど何もないところから物語を創りあげていく活動です。

　例えば，2人がシーンを演じるとします。このとき，一方が相手に対して「お母さん，ただいま」と言えば，相手が母親で，自分が子どもです。場所は家で時間は多分夕方ということになります。「母親」が「おかえり，今日はカレーだよ」と言えば，晩御飯はカレーということになります。このように相手の言動とその意味するところを双方がきちんと受け取りながらやりとりをすれば，何もないところからストーリーを生み出していくことができます。

　このとき，即興の場面でやりとりされるアイデアや情報をオファー（offer）といいます。インプロはメンバーのオファーから始まりますが，この相手のオファーをポジティブに受け入れることをイエス（yes）と言います。そしてこのとき，相手のオファーを受け入れるだけでなく，その相手に対して新たな自分のアイデアを付け加えたオファーを行うこと（and）が重要で，これを合わせてイエスアンド（yes and）と言います。この原則をメンバーが共有することで豊かなイメージやストーリーが生み出されていきます。

　9月（5時間目）の活動の**仕事ジェスチャー・2人バージョン**や**私は木です**はこのイエスアンドをベースにして成り立っています。**仕事ジェスチャー・2人バージョン**は，1人が仕事の一方の役割を演じ，もう一人がその相方を演じることで成り立っています。また**私は木です**は，最初の木というオファーに対して，他のメンバーがイエスアンドの原則に則ってさまざまなオファーを重ねていくことで成り立っています。

　仕事ジェスチャー・2人バージョンや**私は木です**は動きのイエスアンドといえる内容です。10月（6時間目），11月（7時間目），12月（8時間目）の各ワークもイエスアンドで成り立っている活動ですが，これらは言葉のイエスアンドで成り立っている活動です。

　日常生活ではあまり意識することのないイエスアンドですが，他者のアイデアや考えを否定したりネガティブに捉えるのではなく，肯定的に受け入れることを基本にすることで新しい可能性が広がっていくことを実感できるワークです。

　このようなインプロの手法を教育やビジネスに応用したものを応用インプロ（Applied Improvisation）といいます。本書で紹介している各種のワークは応用インプロの活用例と言えます。

コラム　声かけについて

学校でこんな光景を見かけたことはないでしょうか。

集会などで先生が子どもたちに「おはようございま〜す」と声をかけます。子どもたちが「おはようございま〜す」と返事をすると，先生が「あれ，声が小さいなあ。元気がないですね〜」と返します。そして，「今度はもっと大きな声を出しましょう」となります。その結果，子どもたちは半ば強制的に大きな声を出すよう仕向けられます。

絹川（2017）は，ワークショップでファシリテーターが参加者にテンションを上げさせようとすることの2つの問題点を指摘しています。1つは「テンションが低いのは悪いことだ」ということを参加者に暗示することで，もう1つは参加者に強制をすることで，ファシリテーターが「やらせる」，参加者が「それに従う」関係性をつくることです。

言葉には意図するとしないとにかかわらずさまざまな意味が含まれます。特に気をつけたいのは相手に対する評価を含む言葉です。「元気がない」「やる気がない」「緊張している」等々の評価的な言葉は子どもたちを励まそうとして発せられた言葉であっても，子どもたちに自分自身を批判的に眺める視点を与え，結果的に意欲と自発性を失わせてしまいます。

「声が小さいですね」という声かけを，相手は「（だから）今のあなたはダメだ」と評価的に受け取るかもしれません。「ダメだ」と言われた（と思った）子どもたちはさらにテンションが下がってしまいます。また，自分を評価的視点で見ることで，頭の中であれこれ考えてしまい，創造性が失われていきます。

そして，ファシリテーターと参加者の間に，ファシリテーター＝指示をする人，参加者＝それに従う人という上下関係をつくってしまうと，結果的に参加者が意欲を失うことになってしまいます。

優れたファシリテーターは，子どもたちを自分がイメージする理想のスタート地点に引っ張っていくことはしません。グループワークの出発地点は子どもたちが今いるところです。子どもたちが元気いっぱいならその状況から，子どもたちが元気がないようならその状況からワークを始めます。子どもたちをファシリテーターに合わせようとするのではなく，ファシリテーターが子どもたちの状況に合わせます。状況に応じて「ゆっくり始めましょう」とか「少しずつやっていきましょう」などと声かけをしてもいいでしょう。

表現する・共感性を育てる

10月 (6時間目)

モジュール対応

○ 言語表現
：言葉を使った表現に取り組む，イエスアンドを体得する

　今月から，言語表現に取り組みます。10月，11月，12月の3か月で少しずつレベルを上げながら，主として言葉による表現活動に取り組み，それを通じて他者への共感性や状況対応力を高める取り組みに挑戦します。今回はその基盤となるイエスアンド（コラム「インプロとイエスアンド」参照，p.116）の感覚をワークを通して体得していきます。10月〜12月の各回は積み上げ式に構成されていますので順を追って実施していく必要があります。

構成

1. 知ってるよ！（10分）
2. それはちょうどいい！（10分）
3. シェアードストーリー（10分）
4. ワンワード（10分）

場所

オープンスペースまたは教室

- まず最初に**知ってるよ！**で特に言葉のイエスアンドの基本を体験します。さらに，**それはちょうどいい！**でゲーム的雰囲気の中でイエスアンドの感覚を積み重ねます。その後，**シェアードストーリー**，**ワンワード**でみんなでイメージを共有しながらストーリーを創造していきます。

- 一見難しそうなワークですが，みんながルールとイメージを共有することにより，豊かなイメージの世界の共有を楽しむことができます。

- どのワークもファシリテーターが一度やってみせることで，メンバーは理解が進み，また動機づけが高まります。

1. 知ってるよ！

　「互いに相手の言うことを自分は既に知っている」という前提で架空の会話をします。相手の言葉に対するイエスアンドのワークです。

●人数・グループ

　2人1組ないし3人1組。

●時間

　10分間。1回2〜3分程度で何回か繰り返します。

●準備

　特にありません。

●進め方

1. ペアまたはグループになり，Aさん，Bさんとします（3人の場合はCさんも）。
2. 以下の手順を一度，全員の前で演じます。
   ファシリテーターが適当な「お題」を提示します。
   〈お題例〉　「タイムマシンが発明されたよ！」　「新種のパンダが見つかったよ！」
   　　　　　　「新しい転校生がくるよ！」　　　　「新しい部活が始まるよ！」
   　　　　　　「修学旅行が海外旅行になるよ！」　「"魔法" の授業が始まるよ！」
3. Aさんはその話題に対して「知ってるよ！」と前置きして，その上で自分が知っている架空の情報を追加して話します。
4. BさんはAさんの話に対し，同様に「知ってるよ！」と前置きして，さらに自分が知っている架空の情報を追加して話します。
5. 以後，同様にやりとりを続け，2〜3分間でいったん終了とします。
6. 新しいお題を提示して，今度はBさんが「知ってるよ！」と前置きしてお話ししていきます。
   〈展開例〉　ファシリテーター：「夢の洗濯機が発明されたよ！」
   　　　　　　Aさん：「知ってるよ！　何でも簡単に洗うことができるんだよ！」
   　　　　　　Bさん：「知ってるよ！　人間も洗うことができるんだよ！」
   　　　　　　Aさん：「知ってるよ！　だからお風呂がいらなくなるんだよ！」

　以下同様に続きます。

- 短時間の試行を何回か繰り返します。

- イエスアンドの基本を体験するのに適しています。身体表現と言語表現という違いはありますが，イエスアンドについては前月のワークと連続していることをアナウンスしてもよいでしょう。

- およそ現実的でない話が出てきても，いったん口から出た事柄はすべて事実として扱います。

- 相手の話に対する質問や驚きの反応は自分がそのことを知らないことになるのでしないこととします。「違うよ」「そうじゃないよ」などの否定の反応もしません。常にポジティブに対応します。

- アイデアが浮かばなくてもとりあえず「知ってるよ！」と言い切ってしまいます。言ってしまうと意外にアイデアが浮かんできます。

ステップアップ解説

- イエスアンドがポイントになります。自分のこだわりやコントロールを手放し，今そこにあるアイデアやイメージを受け入れながら，そこに自分なりのアイデアを付け加えていくことがポイントになります。これはその場や他者に対するコントロールを手放すことですが，意外に難しいことです。ときどき，ギャグを言ったり，わざとストーリーを混乱させて次の人を困らせたりしようとするメンバーがいますが，これはその場をコントロールしたいというその人の無意識の作用です。

2. それはちょうどいい！

　相手が持ち込んだ困りごとにすべてポジティブに対応します。発想を転換し，状況に対するリフレーミングを行います。

●人数・グループ

　3人1組（2人1組でもできます）。

●時間

　10分間。1回2〜3分程度で何回か繰り返します。

●準備

　特にありません。

●進め方

1. グループになり，Aさん，Bさん，Cさんとします。
2. 以下の手順を一度，全員の前で演じます。
   「立場」を決めます。「立場」は順に交替します。
   〈立場例〉
   社長，（動物園・保育園の）園長，船長，村長，お父さん・お母さん，王様，神様など
3. 〈社長の場合〉
   Aさんが社長になり，Bさん，Cさんは，社員B，社員Cとします。
4. 社員Bは「社長，大変です！」と前置きして，社内で発生した架空の困りごとを持ち込みます。
5. 社長はそれに対して必ず「それはちょうどいい！」と前置きして，社員Bが持ち込んだ困りごとにポジティブに対応します。
6. 社員Bは社長に対して「さすが社長！」と賞賛します。
7. 次は社員Cが同様に「社長，大変です！」と困りごとを持ち込みます。

8. 以下同様に展開します。

〈展開例〉

社員Ｂ：「社長大変です！　社員が誰も出勤してきません！」

社長：「それはちょうどいい！　これを機会に在宅ワークを進めよう！！」

社員Ｂ：「さすが社長！」

社員Ｃ：「社長大変です！　会社に泥棒が入りました！」

社長：「それはちょうどいい！　余計なものがなくなってすっきりしたね！」

社員Ｃ：「さすが社長！」

TIPS!

● 短時間の試行を何回か繰り返します。

● 「知ってるよ！」と同じく，アイデアが思い浮かばなくてもとりあえず「それは
ちょうどいい！」と言い切ってしまうと，意外なアイデアが浮かんできます。

ステップアップ解説

● さまざまな状況に対するリフレーミングのワークでもあります。繰り返し取り組む
ことで思考が柔軟になり，発想が豊かになっていきます。

3. シェアードストーリー

グループで1人一文ずつ言葉をつないで、みんなで物語をつくります。自分の前の人が言った文章にイエスアンドをして、みんなで協力して物語を産み出していきます。

●人数

2人～数人。

●時間

10分間。2～3回繰り返します。

●準備

特にありません。

●進め方

1. 数人でグループになります。

2. 以下の手順を一度、全員の前で演じます。
   ファシリテーターが最初の一文を提示します。
   〈タイトル例〉
   「このクラスに新しい転校生がやってきた」「朝起きたらお父さんがカブトムシになっていた」「深夜にインターホンが鳴った」「ネコのタマが突然しゃべり始めた」「花子は不思議な木の種をもらった」「神様はため息をついた」など。

3. 最初の一文に続いてお話をつくっていきますが、1人が一度に話せるのは一文だけです。
   隣の人はその文章を受けて、次の一文を足してお話をつくっていきます。

4. 一度、全員の前で代表グループがやってみせます。

5. 1回の時間は1～2分程度です。そのつど、最初の一文を適宜提示して繰り返します。
   〈展開例〉
   最初の一文：「朝起きるとヒロシの家の前に大きな池ができていた」
   Aさん：「ヒロシはボートで池に漕ぎ出した」
   Bさん：「すると向こうから一羽の水鳥がやってきた」

Ｃさん：「水鳥はヒロシに話しかけた」
Ａさん：「この先は危ないから気をつけて」
（以下続く）

TIPS!

●前の人が言った言葉（文章）は取り消せません。自分が予想もしない言葉であっても それを受け入れて，さらにその先を続けていくことが必要になります。**知ってるよ！，それはちょうどいい！**で培ったイエスアンドの感覚が重要です。

●グループのメンバーと言葉を受け渡すときはアイコンタクトが重要です。相手の目を見ながら言葉を受け渡すことでイメージを共有しやすくなります。

●みんな自分のストーリーを進めたくなりますが，自分が思ったようにはなりません。各自が自分のストーリーを手放して，みんなでイメージを共有することがカギです。

●全員が共通のクラウドサービスをもって書き込みしていくと考えてみるのもいいでしょう。

ステップアップ解説

●グループの他のメンバーが今どんなことをイメージしているのか，想像力を働かせます。そのイメージに自分のイメージを重ねながら，言葉をつないでいきます。物語をつくる課題ですが，物語をつくることそのものよりも，他者とイメージを共有することがポイントです。

4. ワンワード

　グループで1人一言ずつ言葉をつないで，みんなで物語をつくります。自分の前の人が言った言葉にイエスアンドをして，みんなで協力して物語を産み出していきます。

- ●**人数**

　　2人〜数人。

- ●**時間**

　　10分間。2〜3回繰り返します。

- ●**準備**

　　特にありません。

●進め方

1. 数人でグループになります。
2. 以下の手順を一度，全員の前で演じます。
   ファシリテーターがタイトルを提示します。
   〈**タイトル例**〉
   「謎の転校生」「理科室の秘密」「恐怖の遊園地」「ウサギの冒険」「初めてのデート」など
3. タイトルについてお話をつくっていきますが，1人が一度に話せるのは1語（1文節）だけです。隣の人はその言葉を受けて，次の1語を足してお話をつくっていきます。
4. 一度，全員の前で代表グループがやってみせます。
5. 1回の時間は3分程度です。そのつどタイトルを適宜提示して繰り返します。
   〈**展開例：「謎の転校生」**〉
   Aさん：「今日」
   Bさん：「クラスに」
   Cさん：「転校生が」
   Aさん：「やってきました」
   Bさん：「名前は」
   Cさん：「スズキさんです」
   Aさん：「彼女には」…（以下続く）

【発展編】

6. 話す順番をランダムにします。一言話した人が次に話す人を指さし，指された人が次の一言を言います。

TIPS!

● 基本的にシェアードストーリーと同じ成り立ちをもつワークですが，シェアードストーリーが一文を話せるのに対して，ワンワードでは1語になることを両者を対比させて説明するとイメージしやすくなります。一度に言うことができる言葉が一言なので情報量が限られ，難易度が少し上がります。

● シェアードストーリーと同じくアイコンタクトが重要です。

● ルールを理解したつもりでもついうっかり2〜3語を言ってしまうことがあります。そのつど注意を促していきます。

● みんな自分のストーリーを進めたくなりますが，思ったようにはなりません。各自が自分のストーリーを手放して，みんなでイメージを共有することがカギです。

● ふざけてわざと他のメンバーが困るような言葉を言ったりしている場合は注意して，イエスアンドに立ち帰るよう促します。

ステップアップ解説

● 単に言葉をつなごうとするのではなく，グループ全体がどのようなイメージを共有しているのかを想像することが重要になります。結果として共感性を育てることにもつながります。

11月 7時間目

○ 共感力Ⅰ
：言葉を使った表現に取り組む，他者の心を想像する，他者の心に配慮する

　10月に引き続いて言語表現に取り組みます。今月はさらに相手の心に配慮しながら言葉で他者とかかわります。ゲーム感覚で楽しく取り組みますが，相手の心に配慮しながら言葉を選んで話すことで，共感性を高める効果もあります。

構成

1. 5つの扉（15分）
2. お見立て（10分）
3. 私は有名人（20分）

場所

オープンスペースまたは教室

概要

●**5つの扉**は簡単なクイズ形式のゲームです。遠くから小出しに相手にヒントを与えて，少しずつ正解に近づいていく感覚を体験します。

●**5つの扉**でのヒントは独立した知識や情報ですが，**お見立て**でそれを話し言葉にのせていく感覚をつかみます。

●最後に**私は有名人**で，互いに相手を有名人と見立てて，ヒントを出し合いながら自分が誰かを考えます。ここでは**5つの扉**と**お見立て**で培った感覚がベースになります。言い換えると順を追って進めていかないと**私は有名人**が単なるクイズゲームになってしまいます。

●自分の言葉が相手に与える影響・効果について考える契機を与えてくれます。

●**5つの扉**と**お見立て**は，ファシリテーターが一度やってみせることで，メンバーは理解が進み，また動機づけが高まります。

1．５つの扉

　任意の人物を 1 人決めて，その人物に関するヒントを少しずつ出していきます。ヒントは遠いところから全部で 5 つ出すこととし，5 つめのヒントで正解が出るようにします。自分の言葉が相手にどのような影響を与えるかをゲーム形式で体験します。

●人数

　3 人 1 組（2 人 1 組でもできます）。

●時間

　15 分間。人数分を繰り返します。

●準備

　特にありません。

●進め方

1．グループに分かれて，A さん，B さん，C さんとします。

2．以下の手順を一度，全員の前で演じます。

　まず A さんが，誰もが知っている人物を 1 人心の中で決めます（ファシリテーターが指定することもできます）。実在の人物でも構いませんし，物語の主人公等でも構いません。

3．それから A さんがその人物に関するヒントを B さん，C さんに出していきます。その際，ヒントは遠いところからだんだん近づけながら全部で 5 つ出すこととし，なるべく 5 つめのヒントで正解が出るようにします。

4．B さん，C さんは，ヒントのたびに，そのつど自分なりの答えを言うこともできますが，答え合わせをするのは最後のヒントを出してからです。仮に途中で正解が出ても，そのまま最後まで続けます。

5．最後に答え合わせをします。

〈展開例〉

A さん：「決めた！」（心の中で人物を 1 人決めます＝例：赤ずきんちゃん）。

A さん：「お話に出てくる人です」（第 1 ヒント）

B さん：「桃太郎？」

A さん：「外国人です」（第 2 ヒント）

Cさん：「アラジン？」

Aさん：「女の子です」（第3ヒント）

Bさん：「シンデレラ？」

Aさん：「おばあさんと暮らしています」（第4ヒント）

Cさん：「？」

Aさん：「オオカミと戦いました」（第5ヒント）

Bさん，Cさん：「赤ずきんちゃん！」（正解）

TIPS!

● 必ず相手が知っている人を選ぶ必要があります。歴史上の有名な人物や昔話などの登場人物などのほか，そのとき，話題になっている有名人などが適しています。

● 最初は漠然としたヒントから始めます。相手がわからなくても全然構いません。そこから少しずつ近づけていきます。

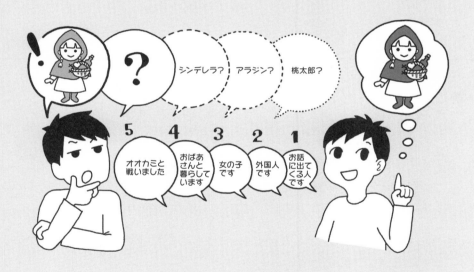

ステップアップ解説

● 電話でGO! と同様に自分が発する言葉が相手にとってもつ意味や影響について考えるきっかけを与えてくれます。自分が与えるヒントで相手は何を連想し，何に気づくかを想像しながら言葉を発していきます。最終的に**私は有名人**を見据えつつ，次の**お見立て**への準備状態をゲーム感覚とともにつくっていきます。

2. お見立て

　相手を何かに見立てて話しかけます。他のメンバーは，何に見立てているのか推測します。リアルな感覚を意識して，それを言葉で形にすることがポイントです。

●人数

　3人1組（2人1組でもできます）。

●時間

　10分間。人数分を繰り返します。

●準備

　特にありません。

●進め方

1. グループに分かれて，Aさん，Bさん，Cさんとします。

2. 以下の手順を一度，全員の前で演じます。
   ファシリテーターが，見立てる「もの」または「動物」「人」を指定してAさんに伝えます。言葉で言うと皆にわかってしまうので，大きめのメモなどを使います。

3. Aさんは見たてたものに話しかけます。BさんとCさんはその言葉を聞きながら，Aさんが何に向かって話しかけているか考えます。
   〈見立て例〉
   消しゴム，ものさし，ハト，タヌキ，冷蔵庫，洗濯機，浦島太郎，シンデレラなど。

4. 一般的であいまいな内容から始め，少しずつ具体的・本質的な内容にしていきます（以下のプロセスを30秒～1分間ほどで行います）。
   〈展開例〉
   「みたてるもの：パンダ」
   A：こんにちは。今日も元気そうだね。

Ａ：今，ご飯食べてるの？
Ａ：日本の気候にはもう慣れたかな？
Ａ：今日のご飯も笹かな？
Ａ：中国のことが懐かしい？
Ｂ・Ｃ：パンダだ！

【発展編】

　Ａさんがｂさんを何かに見立てて話しかけます。Ｂさんは最初自分が何か全くわかりませんが，あいまいな返事をしながら相手に話を合わせていきます。

TIPS!

●相手を何かに見立てて言葉を発しますが，相手がわかるように少しずつ言葉を発することがポイントになります。相手の受けとめを想像しながら情報の具体性を調整することが重要です。

●相手の話に対する「イエス」の感覚が重要です。

ステップアップ解説

●【発展編】で相手とやりとりをしながら進める形式では，Ｂさんは自分が誰（何）かわからなくても適当に話を合わせることが必要です。このとき，相手の語りの内容は「自分自身（Ｂさん）」に関することなので，相手に質問したりすることはできません。このことは次の３. **私は有名人**への準備にもなります。

3. 私は有名人

お互いを有名人に見立ててやりとりをします。互いにはじめは自分が誰かはわかりませんが，会話の内容から少しずつ想像して，自分が誰かを推測していきます。

●人数・グループ

3 人 1 組（2 人 1 組，4 人 1 組でもできます）。

●時間

15 分間。2〜3 回繰り返します。

●準備

有名人カード。

●進め方

1. グループに分かれて，A さん，B さん，C さんとします。

2. 各メンバーに有名人の名前が書かれたカードを裏向きにして配ります。このとき自分のカードを見ることはできません。

3. 各メンバーはカードを頭上にかざして書かれた名前が，相手に見えるようにします。

4. お互いに相手の頭上のカードを見て，相手をその人と見立てて話しかけ，やりとりをします。

5. 話しかけられた方は，自分が誰かを考えながら，相手に話を合わせてやりとりします。

6. 自分が誰かわかったら「私は○○です」と言います。あるいは，個人が特定できるようなセリフを言います。全員が自分が誰かわかったらカードを交換します。

〈展開例〉（2 人 1 組）
「浦島太郎」（A）と「シンデレラ」（B）

A（浦島太郎）：（Bに）今日はお城からお越しですか？

B（シンデレラ）：（誰だろう？）（Aに）そう言うあなたも昔は海のお城へ旅をされて。

A：そうですねえ（昔話かな？）。はじめはお家でいじめられていましたねえ。

B：そうですねえ。あの頃は大変でした（いじめ？）。あなたはいじめられていた動物を助けて，立派です。

A：おほめいただきありがとうございます（動物を助けた？）。今日は王子様はお留守番ですか。

B：（ということは私は姫？）そうなんですよ。箱を開けたときは驚かれたでしょう。

A：ああ，玉手箱ですね。あのときは急に煙が出てびっくりしました（正解）。あなたは，帰るときは靴が脱げないように気をつけてくださいね。

B：はい，ガラスの靴をちゃんと履いて帰ります（正解）。

TIPS!

● みんなが喫茶店やレストランなどでおしゃべりをしているという設定にします。

● 自分が誰かわからない間も，**お見立て**の相手役（【発展編】）の要領で素知らぬフリで相手に話を合わせながらやりとりを続けます。

● やり方によっては単なる人物当てクイズになってしまう場合があります。相手とのやりとりの中にヒントをさりげなく埋め込んでいくことがポイントです。

● 課題となる人物は，メンバーの全員が必ず知っているであろう人物とします。また，単に名前を知っているというだけでなく，その人の特徴や背景等について一定程度の知識・情報をもっている必要があります。

● 歴史上の人物，芸能人，スポーツ選手，昔話・アニメの登場人物などの「カテゴリー」を混ぜて実施するとより広がりがでてきます。

カード例。カテゴリーごとに色分けしておくと便利です。

●とてもゲーム性の高いワークですが，自分の言葉が相手にどのように受け取られるかを考えるきっかけづくりとなり，共感性を高めたり，他者視点の育成が図られます。

●**5つの扉**，**お見立て**による準備段階を経て行われますが，**5つの扉**，**お見立て**が情報を伝える役割，受け取る役割が決まっていたのに対し，**私は有名人**では全員が同時に伝える役割と受け取る役割をとることが特徴です。多くの情報を同時に処理しなければならず少々大変ですが，ゲーム性も高く，成功時には大きな達成感が得られます。

コラム　プラットフォーム

　11月（7時間目）のワークのうち，**お見立て**と**私は有名人**には「プラットフォーム」が大きくかかわっています。プラットフォームとはストーリーが始まる状況のことで，登場人物は誰なのか（Who），場所はどこか（Where），何をしているのか（What）などのアイデアや情報です。

　お見立てや**私は有名人**は2人以上がかかわり合うことで成り立つワークですが，メンバーのうちの一方が知っていることを知らない他方に推測させるという構造を持っており，いわば大きな情報の不均衡があります。このため情報を知らないメンバーは非常に不利な状況にあるわけですが，そのメンバーに対して大きなヒントを与えるのがプラットフォームです。

　例えば，**私は有名人**では相手は実在の人物かもしれませんし，物語や映画の登場人物かもしれません。どんなカテゴリーの人であるのかをそれとなく教えるだけでも相手にとっては貴重なヒントになります。

　また12月（8時間目）の**秘密のセリフ**も情報の不均衡という構造を持っているワークで，このプラットフォームが大きくかかわっています。

　IパターンとYパターンは，語尾の形に一定のパターンがあるという特徴があり，これをはじめにアナウンスしておくことが大きなヒントになります。

　これに対して，Fパターンはそのような手がかりがなく，相手役はかなり心理的負担が大きい状態にあります。この心理的負担を軽減するのがプラットフォームです。

　例えば，最初の一言で「先生，おはようございます！」と言えば，相手が先生で自分は生徒，場所は学校で，時間は朝であることを伝えることができるでしょう。さらに，口調により大体の年齢を伝えることができます。あるいは「お代官様」と小声で言えば，相手が代官で自分は家来などの関係者で，時代はおそらく江戸時代で，さらに自分は何かの秘密を持っている，ということを相手に暗示することができます。これにより，相手は自分が置かれているおおよその状況を察知することができるでしょう。

　私は有名人も**秘密のセリフ**も簡単なワークではありませんが，このプラットフォームをうまく活用することによって，より円滑な実施を促すことができますし，それを使いこなすことでより一層の楽しさを味わうこともできます。また，このことは自分の言葉が他者に与える影響について想像するきっかけを与え，対人関係能力の育成にもつながります。

表現する・共感性を育てる

12月 8時間目

○ 共感力 II
：言葉を使った表現に取り組む，他者の心に配慮する

　11月の7時間目に引き続いてさらに言語表現に取り組みます。今月も相手に配慮しながら主として言葉で他者とかかわりますが，個人がもっているかかわりの能力を総動員する必要があります。また，単なる言葉のかかわりだけでなく，そのかかわりが行われている状況をイメージすることも必要になります。相手の心に配慮しながら言葉を選んで話すことで，共感性を高める効果もあります。ゲーム感覚で楽しく取り組むことができます。特に**秘密のセリフ**は正解が得られたときは大きな達成感が得られます。

構成

　　1. 何やってるの？（10分）
　　2. 秘密のセリフ・I タイプ（10分）
　　3. 秘密のセリフ・Y タイプ（10分）
　　4. 秘密のセリフ・F タイプ（15分）

場所

　　オープンスペースまたは教室

概要

- まず**何やってるの？**であいまいな状況の中で他者とかかわっていくことを体験します。特に，流れの中で言葉を交わして，2人がいる状況を具体化していくことで，次の**秘密のセリフ**への準備状態をつくっていきます。

- 続いて**秘密のセリフ・Iタイプ**で，自分の状況を相手に伝えることに取り組みます。言葉だけでなく，表情や動作などを総動員します。

- さらに**秘密のセリフ・Yタイプ**で，相手の状況を相手に伝えることに取り組みます。言葉に依存する側面が大きくなりますが，まず最初に，全体的な状況をイメージして相手に伝えることがポイントです。

- 最後に**秘密のセリフ・Fタイプ**に取り組みます。自由度が高くなり，状況の複雑性が増します。課題によっては第2，第3のメンバーが協力します。

1. 何やってるの？

　ジェスチャーをしている相手に「何やってるの？」と声をかけて，かかわっていきます。即興で言葉と動作のやりとりをしながら，少しずつ状況のイメージを共有し，展開していきます。

●人数

　2〜4人1組。

●時間

　10分間。

●準備

　特にありません。

●進め方（3人の場合）

1. Aさん，Bさん，Cさんに分かれます。
2. Aさんが適当なジェスチャーをします（例：モップがけ）。
3. そこへBさんがやってきて「何やってるの？」と声をかけます。
4. Aさんは今やってるジェスチャーとは全く関係のない動作を言います。
   「フラダンスやってるの」
5. その言葉を聞いて，Bさんはフラダンスをするジェスチャーをします。
6. そこへCさんがやってきて「何やってるの？」と声をかけ，Bさんは全く関係のない動作を言います。これを順番に続けます。ここでの「何やってるの？」は単純に疑問の表現です。
7. 慣れてきたら，2人でしばらくやりとりをしてから「もう！　何やってるの！」と声をかけます。ここでの「何やってるの！」は怒りや不満を含んだ表現になります。
   （例：Aさんがテニスをしている。）そこへBさんがやってきて，テニスの相手役をしながら適当な言葉をかけます。
   「そうそう，いい感じだよ」「あー，もっとボールをよく見て！」「あ，また空振りした」……「もう！　何やってるの！」

8. Aさんは今やってるジェスチャーとは全く関係のない動作を言い，これをBさんが続けます。

2. 秘密のセリフ・Iタイプ

　ある言葉（セリフ）を相手が口にするよう，2人で即興のやりとりをします。言葉だけでなく，表情やジェスチャー等も活用して適切な働きかけを行い，相手が思わずそのセリフを口にするような「状況」を創り出します。

●人数

　2人1組（3人1組でもできます）。

●時間

　10分間。

●準備

　秘密のセリフカード（I／Yタイプ共通，課題セリフ例はp.146-p.147参照）。

●進め方

1. 2人でペアになり，Aさん，Bさんとなります。3人1組の場合は1人は見学です。
2. Aさんはカードを引いて課題のセリフを確認し，そのセリフをBさんが発するようにかかわります。
3. Iタイプの課題のセリフは「自分（I）の状態」に関するもので，課題のセリフの語尾は「〜だね」「〜ね」といった形のものが中心です。このことはあらかじめ全員にアナウンスしておきます。

   〈展開例〉課題のセリフ：「暑そうだね」

   自分が今，どんな状態かを言葉や身振りで表現すると，相手が気づいて言葉をかけてくれます。

   Aさん：「うわ〜，今日30度もある！」（汗を拭く仕草をしながら）「ふう，汗かいちゃった」「クーラー入れたいなあ」

   Bさん：「暑そうだね」（暑いと感じているのはAさんです）

   このプロセスを代表者が2人でやってみせます。

TIPS!

- Iタイプの課題のセリフは自分自身の内的状態に関するものです。自分がそういう状態の人である，という前提でワークに取り組むことが重要です。

- 男女による語尾の違い等は許容範囲です。「完全正答」にこだわる必要はありません。

- Cさん（見学役）がいる場合は，あらかじめCさんに正解を見せておきます。CさんはAさんとBさんのやりとりを見ながら，ポジティブまたはネガティブなフィードバックを行って，サポートします。

ステップアップ解説

- 非常にゲーム性の高いワークです。相手がその言葉を発するにはどのような関係性・状況・文脈・雰囲気が必要かを直感的に感じ取りながら，臨機応変に対応していきます。11月の**私は有名人**を発展させたワークでもあり，共感力・表現力を最大限に発揮することが求められるワークです。

3. 秘密のセリフ・Yタイプ

秘密のセリフ・Iタイプと同様の構造をもつワークです。課題のセリフが「相手（You）」の状態に関するものである点だけが異なります。

●人数

2人1組（3人1組でもできます）。

●時間

10分間。

●準備

秘密のセリフカード（I／Yタイプ共通，課題セリフ例は p.146-p.147 参照）。

●進め方

1. 2人でペアになり，Aさん，Bさんとなります。3人1組の場合は1人は見学です。

2. Aさんはカードを引いて課題のセリフを確認し，そのセリフをBさんが発するようにかかわります。

3. Yタイプの課題のセリフは，「相手（You）の状態」に関するもので，課題のセリフの語尾は「～だなあ」「～なあ」といった形のものが中心です。このことはあらかじめ全員にアナウンスしておきます。

〈展開例〉課題のセリフ：「暑いなあ」
相手の状態について，関連する情報を与えてあげると，相手が気づいて言葉を発してくれます。
Aさん：「どうしたの？！　すごい汗かいてるよ！」「あ～，今日，気温30度もあるからねえ。」
Bさん：「暑いなあ」（暑いと感じているのはBさんです）

このプロセスを代表者が2人でやってみせます。

Tips!

● Yタイプの課題のセリフは相手の内的状態に関するものです。相手に相手が置かれている状況を伝えることが重要です。

● 男女による語尾の違い等は許容範囲です。「完全正答」にこだわる必要はありません。

● Iタイプ，Yタイプは共に一定のパターンに基づくセリフです。パターンの特徴を理解しておくとやりやすくなります。

● 課題カードは一枚のカードの上段にIタイプのセリフを，下段に対応するYタイプのセリフを書いておくことができます。

ステップアップ解説

● Iタイプと似ていますが，Yタイプでは相手が置かれている状況について情報を与えていくことが重要になります。「プラットフォーム」（p.137）を意識してかかわります。

〈課題セリフ例（Iタイプ・Yタイプ）〉
○比較的やさしいもの

Ｉ（私）タイプ	Ｙ（あなた）タイプ
暑そうだね	暑いなあ
寒そうだね	寒いなあ
眠そうだね	眠いなあ
うれしそうだね	うれしいなあ
楽しそうだね	楽しいなあ
悲しそうだね	悲しいなあ
おいしそうだね	おいしいなあ
まずそうだね	まずいなあ
にがそうだね	にがいなあ
気持ちよさそうだね	気持ちいいなあ
苦しそうだね	苦しいなあ
心配そうだね	心配だなあ
気持ち悪そうだね	気持ち悪いなあ
痛そうだね	痛いなあ
忙しそうだね	忙しいなあ
おなかすいているんだね	おなかすいたなあ
疲れてるね	疲れたなあ
退屈（ひま）そうだね	退屈（ひま）だなあ

○比較的難しいもの

嫌そうだね	嫌だなあ
お金持ちなんだね	お金持ちだろう（でしょう）
親切だね	親切だろう（でしょう）
うらやましそうだね	うらやましいなあ
もてるんだね	もてるだろう（でしょう）
かわいいね	かわいいだろう（でしょう）
かっこいいね	かっこいいだろう（でしょう）
幸せそうだね	幸せだなあ
くやしそうだね	くやしいなあ
緊張しているんだね	緊張するなあ
やさしいね	やさしいだろう（でしょう）
頭いいんだね	頭いいだろう（でしょう）
困っているんだね	困ったなあ

えらいね	えらいだろう（でしょう）
惜しかったね	惜しかったなあ
残念（がっかり）だね	残念（がっかり）だなあ
上手だね（うまいね）	上手（うまい）だろう（でしょう）
おもしろそうだね	おもしろいなあ
さわやかそうだね	さわやかだなあ

```
┌─────────────────────────────────────┐
│                                     │
│  ○                                  │
│         暑そうだね                    │   Iタイプセリフ
│                                     │
│  ------------------------------------ │
│                                     │
│         暑いなあ                      │   Yタイプセリフ
│                              ○       │
│                                     │
└─────────────────────────────────────┘
```

課題カードの図

4. 秘密のセリフ・Fタイプ

　ある言葉（セリフ）を相手が口にするよう，即興のやりとりをします。やりとりによって相手が課題のセリフを口にする「状況」をつくっていきます。個人のもっているかかわりの能力を総動員するワークです。普段眠っている（かもしれない）能力をフル活用する自己実現のワークでもあります。

●人数

3人1組（4〜5人でもできます）。

●時間

15分間。

●準備

秘密のセリフカード（Fタイプ，課題セリフ例はp.150参照）。

●進め方

1. グループになり，Aさん，Bさん，Cさんとします。
2. Bさんが課題のセリフを発する役とします。
3. Aさんがカードを引いて課題のセリフを確認し，Cさんと共有します。課題の言葉のタイプはフリー（Free）で一定のパターン等はありません。
4. BさんとAさんがやりとりを始めます。どういう状況や場面を設定し，自分や仲間がどんなことを言い，かかわれば相手に状況が共有され，その言葉が発せられるのか，いろいろなことを考えながら行動します。
5. Cさんはやりとりを見ながら，状況に応じて拍手等でフィードバックをします。
6. Bさんから課題の言葉が出たら終了です。役割を交替して続けます。

〈展開例〉

課題のセリフ：「保健室行ったら？」

Aさん：「ふー，やっと授業終わったね」（Aさんから働きかけます。場所が学校であることをそれとなく伝えます）

Bさん：「そうだね」（友だちとして話を合わせます）

Aさん：「あー，私なんか熱っぽいかな」（自分の状況を伝えます）

Bさん：「あ，それはよくないね。」（相手の状態を受け取ります）

Aさん：「うー，お腹も痛くなってきた！」（さらに状況を伝えます）

Bさん：「保健室行ったら？」（正解！）

TIPS!

● **秘密のセリフ・Ｉタイプ，Ｙタイプ**より自由度が高く，状況をより具体的に想像しなければなりません。

● はじめにやりとりが行われている場所や相手の立場・職業，双方の関係などを伝えるセリフを発するとやりやすくなります。「プラットフォーム」（p.137）を参考にします。

● 課題や状況に応じて登場人物を増やします。しかし，登場人物があまり多いと課題セリフを知らないメンバーは混乱します。相手役は最大3人までで行うとよいでしょう。

● 普段の自分であったらまず口にしないかもしれないセリフも含まれます。日常性を超えた意識で取り組むことがポイントです。

課題セリフ：「あー，怖かった」

ステップアップ解説

● Ｆタイプは最も困難度が高いワークですが，Ｉタイプ，Ｙタイプと段階を追って進めていくことにより，少しずつレベルをあげて，取り組みやすくなります。

● 目的とする言葉が相手の口から発せられたときは，全員が大きな達成感を得ることができます。

〈課題セリフ例（Fタイプ）〉
○比較的やさしいもの

エアコン，つけようか？

早く，お風呂に入りなさい

早く，寝なさい

スマホをかえたら？

保健室行ったら？

ダイエットしなきゃ

あー，怖かった

ヤッホー！

待ちくたびれたよ

なつかしいね

楽しみだなあ

行ってきます

疲れたなあ

そろそろ帰ろうか

○比較的難しいもの

君の方がきれいだよ

ずっとだましてたのね（たんだね）

後で職員室へ来なさい

やっぱり家が一番落ち着くね

君の瞳に乾杯！

放課後に体育館の裏で

お嬢さんと結婚させてください

きっと君を幸せにするよ

もう1回挑戦させてください

もっと練習しないと

遊園地連れてって

僕（私）と付き合ってください

出来心だったんです

近う寄れ

おぬしも悪よのう

この紋所が目に入らぬか

日本の夜明けだ

コラム　**私は有名人・秘密のセリフ**

　「グループワークの３つの要素」（p.6）において，われわれの人間関係は言う，聞く，する，よむ，見るという人間関係の諸機能によって成り立っていると述べました。

　私は有名人や**秘密のセリフ**はインプロ（Impro）に属する活動ですが，インプロではこの言う，聞く，する，よむ，見るという，人とかかわる人間関係の諸機能をフルに活用する必要があります。台本や打ち合わせがない状況で他者とのやりとりを円滑に成立させていくためには，それが不可欠です。

　われわれは日常生活において上記の機能を自由に使っていると感じていますが，実は思ったほどは使われていなかったり，またそれらを連動させることがなかったりします。お互いのいわゆる「阿吽の呼吸」や無意識の共有があったり，伝わっているだろう，わかっているだろうという思い込みや期待があったりするからです。

　しかし，**私は有名人**や**秘密のセリフ**などの活動では，そのような思い込みや期待は通用しません。いずれのワークでも，当初，相手は課題となっている有名人やセリフについて全くノーアイデアの状態です。そのような相手と特定の人物やセリフに関する情報をやりとりする状況では，その人の人間関係の諸機能を120％，あるいはそれ以上のレベルにおいて活用することが必要となります。

　例えば，**私は有名人**では相手の言葉の一言一言に含まれる意味を察することが必要です。また**秘密のセリフ**では相互に，相手の目をちゃんと見て話しかけ，相手の言葉をよく聞き，相手の何気ない表情・仕草をよく観察し，相手の言わんとするところを読み取る必要があります。それは上記の５つの諸機能をフル活用することでもあります。

　インプロのワークショップでは，参加者の感想として，「今日は頭の普段使っていないところを使った」という言葉がしばしば聞かれます。それは日常生活において活用されずにいわば眠っていた脳の機能を使ったことを示しているということができます。

　このように対人関係の機能をフル活用することは，自己の可能性を最大限に発揮するという意味においていわゆる自己実現につながる側面もあります。１年間のさまざまなワークを終えた後に，「一番面白かったワークは？」と問うと，**私は有名人**や**秘密のセリフ**がしばしば挙げられる所以でもあると思われます。

他者理解と自己理解を深める

1月 9 時間目

モジュール対応（WANTED!）

○ 他者理解・自己理解 I
：他者と自分を理解する

　他者とのかかわりの中で自分自身のあり方を理解します。人は常に他者とのかかわりの中で生きており，他者とのかかわりは自分自身を理解することに大きな影響を与えています。ここでは互いの印象を語ることをゲーム形式で構成して，楽しく他者とかかわることを通して他者の目に映った自分自身に出会います。ワークを通して，自分自身に対する理解をより深めることができます。

構成

　1．WANTED!（15分）
　2．あなたはきっと（30分）

場所

　教室

概要

● **WANTED!** で２人１組になって相手に質問することを通して，質問される側が自分についての他者によるイメージに出会います。

● さらに**あなたはきっと**で小グループになって，互いのイメージについて語り合います。

● ２つのワークを通じて，他者が自分について抱いているイメージに出会います。

● **WANTED!** は比較的短時間で実施できますが（モジュール対応），**あなたはきっと**はまとまった時間をとって実施します。

1. WANTED!

　他者と出会うことをゲーム感覚で楽しみ，併せて他者の視点を介して自己イメージについ
ての理解を深めます。

● **人数**

　何人でも。

● **時間**

　15分間程度。

● **準備**

　WANTED! プリント，筆記用具。

● 進め方

1. 全員にプリントを配ります。

2. 教示を行います。

   「これから2人1組になってジャンケンをします。勝った方が相手に質問します。質問は
   プリントの中の10項目の中から相手が『はい』と答えそうな1つを選んで質問します。
   答えが『はい』だったら質問した人はプリントのその項目に折り目を入れてください（鉛
   筆等で線を引くこともできます）。答えが『いいえ』だったらそのままです。ジャンケン
   に負けた人も同様です。その後，それぞれ次の相手を探して，またジャンケンをしてくだ
   さい。これを繰り返して，なるべくたくさんの項目に折り目を入れてください。全部クリ
   アした人は申し出てください」

3. 上記のプロセスをファシリテーターがメンバー1人とデモンストレーションします。

4. 全員がやり方を理解したのを確認して一斉に開始します。誰かが「全部クリアしました」
   と申し出るか，一定時間（5〜8分程度）経ったら終了します。

5. 終了後，各自の正解数を確認します。

このワークは他者からの質問を通じて自分のイメージに出会い，自己理解を深めることができます。その意味ではジャンケンに負けた方が得るところが大きいともいえます。正解数を確認した後，各メンバーによって「繰り返し聞かれた質問」を問いかけ，ステップアップ解説（p.156）を参考にその意味について考えることを促すと自己理解が一層深まります。

［発展］

上記のやり方だと，残りの項目が少なくなってくると，質問できる範囲が限られ，質問された側が正確な自己イメージに出会いにくくなります。可能であれば，プリント下欄の1〜10の数字を使って，「はい」をもらった回数をカウントする形で再度繰り返します。このやり方だと，より正確な他者からの自分のイメージに出会うことができます。時間に余裕がある場合，2回目にやり方を変えて実施するのもよいでしょう。

TIPS!

- メンバー同士の面識度が低い場合等は，必要に応じてジャンケンの前に簡単な自己紹介をするとよいでしょう。

- 「ペアづくりのヒント2」（p.162）を参考にして，機械的にペアをつくって実施することもできます。

- 同じ相手と続けてジャンケンをすることはできません。また，メンバー数が30名程度あるいはそれ以上であれば「一度ジャンケンをした相手とは再度ジャンケンをしない」などと決めておけば，より多くのメンバーとかかわることができます。

- ジャンケンを省略して，双方が互いに1つずつ質問しあう形にすることもできます。

ステップアップ解説

● ジャンケンで勝った相手に対して質問をし，質問された側は「はい・いいえ」で答えますが，10項目の中からどれかを選んで質問する際には，相手に対する印象に基づいて質問することになり，質問された側はその質問を通じて，間接的に自分が他者に与えているイメージに出会うことになります。それはあくまでも「イメージ」ですが，「他者の視点」に出会うことは有意義であると言えます。その意味では何度もジャンケンに負けてたくさん質問されるといいことがあります。

● **WANTED!** は性格の Big5 理論に準じて構成されています。各項目ごとに性格の5大特徴を反映しています。

● 実施した後，性格特徴との関連について解説をすることによって，メンバーの関心と理解を一層高めることができます。

● ただし，それらの特徴はあくまでも「他者から見た場合にそう見える」ということであり，その人が実際にどうであるかということとは別のことがらです。

〈参考〉

項目1・6：開放性（Openness）
　　新しい体験に対して開放的な傾向のことであり，知的好奇心の強さや想像力の豊かさ，芸術的感受性，新しいアイデアや行為への親和性を意味します。

項目2・7：誠実性（Conscientiousness）
　　責任感の強さや真面目な傾向のことであり，感情や行動をコントロールする力や，達成力の高さ，責任感の強さを意味します。

項目3・8：外向性（Extraversion）
　　興味や関心が外界に向けられる傾向のことであり，社交性や積極性，活発さを意味します。

項目4・9：協調性（Agreauleness）
　　バランスをとり，協調的な行動をとる傾向のことであり，他者への共感力や配慮，思いやりを意味します。

項目5・10：神経症傾向（Neuroticism）
　　ネガティブな刺激に対する反応しやすさのことであり，落ち込みやすさや感情・情緒面での不安定さを意味します。

WANTED ！

1. ジェットコースターが好き。

2. 図書館の本は返却日までに返す。

3. 知らない人と仲良くなれる。

4. 「最後の１つ」には手が出しにくい。

5. テレビや映画を観て泣くことがある。

6. 節穴があると覗きたくなる。

7. 空き缶は必ずリサイクルに出す。

8. みんなでカラオケに行くのが好き。

9. 捨て猫・犬を拾ったことがある。

10. 何かと悩みが多い。

1　　2　　3　　4　　5　　6　　7　　8　　9　　10

2. あなたはきっと

あらかじめ用意された複数の項目について，互いの印象を語り合うことを通じて他者から見た自分のイメージに出会います。

● **人数**

　4〜6人1グループ。

● **時間**

　30分間程度（グループの人数によります）。

● **準備**

　あなたはきっとプリント。

● 進め方

1. 小グループに分かれます。

2. 課題プリントを配り，名前欄にグループの他のメンバーの名前を記入します。

3. 1〜5の欄に，その人だったらそのような状況のときにどうするだろうか推測して，その内容を書き込むよう指示します。そのとき，後で互いに発表し合うことを予告しておきます。内容は完全な文章でなくてもかまいません。

4. 記入時間は5〜10分程度です。途中，適宜全体の記入状況をアナウンスします。

5. 全員の記入が終了したら最初に発表対象にする人を決めて，その人について隣の人から順に記入内容を発表するよう指示します。この発表がその人のイメージに関するフィードバックになります。

　〈発表の仕方〉

　① 最初の発表対象者（Aさん）を決めます。

　② その隣の人からまずAさんの「1．ゴキブリ……」について発表します。

③ そのまた隣の人がやはりAさんの「1．ゴキブリ……」について発表し，順に繰り返します。

④「1．ゴキブリ……」が終了したら，「2．宿題……」に移ります。

⑤ 以下同様にして「5．宝くじ……」まで終えます。最後にAさんは感想を簡単に述べます。

⑥ Bさんに移り，同様に進めます。全員分が終わったら終了です。

⑦ 終了後，皆で感想を話し合います。

TIPS!

● 発表対象者は逐一，正誤や感想を言いたくなりますが，そうすると時間が足りなくなるので，途中のコメントは控え，最後に簡単に感想を言うようにします。

● 4人グループで実施した場合，3人からの推測を受け取ることになります。6人グループだと5人からのフィードバックを受け取ることができますが，実施時間はその分長くなります。実施時間を30分以内に収めるには1グループ5人までがおすすめです。

● 安易に実施しては互いに得るものがなかったり，ふざけたりすると相手に心理的ダメージを与える可能性もあるエクササイズです。誠実な態度で実施する必要があります。

● 北海道では1．の「ゴキブリ」を「クモ」などに替えてください。

- **WANTED!** での出会いはジャンケンという偶然的要素に左右された出会いですが，**あなたはきっと**は，それをシステマティックにしたものです。同じ項目について，複数の人からフィードバックをもらうわけですが，全員から同じフィードバックをもらうこともあれば，異なるフィードバックをもらうこともあり，多様な視点に出会うことになります。

- **WANTED!** と併せて，他者の視点を通した自分に出会い，自己理解を一層深めることができます。

あなたはきっと

次のようなとき，この人だったらどうするだろうか考えて，その答えを枠の中に書いて下さい。答えはあとで互いに発表してもらいます。

名前	さん	さん	さん	さん	さん
1．部屋の中にゴキブリがいるのを見つけたらあなたはきっと，ーでしょう。	でしょう。	でしょう。	でしょう。	でしょう。	でしょう。
2．日曜日の夜に宿題がやってなかったらあなたはきっと，ーでしょう。	でしょう。	でしょう。	でしょう。	でしょう。	でしょう。
3．公園に子猫が1匹捨てられているのを見つけたらあなたはきっと，ーでしょう。	でしょう。	でしょう。	でしょう。	でしょう。	でしょう。
4．街でタレントにスカウトされたらあなたはきっと，ーでしょう。	でしょう。	でしょう。	でしょう。	でしょう。	でしょう。
5．一億円の宝くじに当たったらあなたはきっと，ーでしょう。	でしょう。	でしょう。	でしょう。	でしょう。	でしょう。

コラム　ペアづくりのヒント・2

　5月（2時間目）の**数字合わせ**でも紹介しましたが，2人でペアを組む場合，組み合わせを機械的に行うことによって，メンバーの心理的負担を軽減することができます。

　数字合わせではペアができるとメンバーはどんどん抜けていきますが，**WANTED!** ではメンバーは減らないので以下の方法で実施します。

　参加人数が偶数の場合は，向かい合った2列のうち，角の1人を「固定席」として移動しないこととします。「固定席」のメンバーも他のメンバーと同様にワークに参加することができますが，移動の際，他のメンバーは「固定席」を飛ばして，時計回りに1人ずつ左手方向へずれていきます。

　参加人数が奇数の場合は，向かい合った2列の間に，「1回休み」の席を設け，そこに立ったメンバーは1回休みとします。

　このやり方で移動しながら組み合わせをつくっていくことで，漏れなくすべてのメンバーと関わることができます。

　移動のタイミングはファシリテーターの声かけで行うこと，1つのグループの人数は最大20人程度とすることは，**数字合わせ**（ペアづくりのヒント1）の場合と同じです。

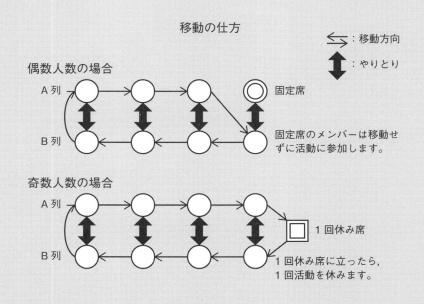

移動の仕方

⇐⇒ : 移動方向

⇕ : やりとり

偶数人数の場合

A列 ── ○ ── ○ ── ○ ── ◎ 固定席

B列 ── ○ ── ○ ── ○ ── ○　固定席のメンバーは移動せずに活動に参加します。

奇数人数の場合

A列 ── ○ ── ○ ── ○ ── ○

□ 1回休み席

B列 ── ○ ── ○ ── ○ ── ○　1回休み席に立ったら，1回活動を休みます。

コラム 視野を広くもつ

　本書に収録されているワークを計画的に導入しようとする背景にはさまざまな問題があることが少なくないでしょう。例えば，不登校やいじめということがあるかもしれません。

　不登校については，学校を休んでいる子どもは学校でのグループワークに参加できないのが残念です。なんらかの方策を講じて，参加機会を得ることが望まれます。

　いじめについては，近年，どんどん大きな問題になりつつあり，学校でもさまざまな対応策が講じられているようです。例えば，いじめ防止の標語づくりに取り組んだり，専門家を呼んで人権講話を行ったりということです。

　このような試みの意義を否定するものではありませんが，どれだけ効果をあげているかというと疑問の余地がないわけではありません。

　水泳の北島康介選手や萩野公介選手を育てた平井伯昌氏が「水泳の問題を水泳の中だけで解決しようと思っても，なかなか難しい」と述べています（平井，2020）。水泳だけに打ち込んでいては記録は頭打ちになってしまうとのことです。そうではなくて，水泳以外の生活を大切にし，アンテナを高く立てて水泳につながる発見をすることが必要だと平井氏はいいます。

　いじめを解決するために上記のような活動を行うことは，「いじめのことをいじめへの対応で解決しようとしている」と言えるかもしれません。そのやり方は一定の成果をあげるかもしれませんが，根本的解決に至る保証はありません。壁を越えるには，視野を広くもち，全体を俯瞰でとらえ，どのようなポイントがうまくいっていないから今の現象が起きているかを考えることが必要です。

　それではどのようなことをすればいいのでしょうか。

　いじめの背景には，さまざまな要因がありますが，現代の子どもたちにとって他者の存在がよく見えていないということが小さくないのではないかと思います。宮台（1997）は現代の若者には他者が風景のように見えていると述べましたが，もし他者が風景のように見えているならば風景に向かって石を投げようと悪口を言おうと関係ない，ということになってしまいます。そのような状況の中でいじめを解決しようとしても限界があるでしょう。そうではなくて，視野を広くもっていじめの問題全体を俯瞰的に眺め，子どもたちの心を育てることで人間関係を豊かにしたり，他者に対する共感力を高めることによって結果的にいじめ問題に対応することは決して不可能ではありません。そして，本書で紹介している各種のワークはいずれもそのような効果を持っています。それは子どもたちに新たな負担をかけずに行うことができるいじめ対策でもあります。

他者理解と自己理解を深める

2月 10時間目

○ 他者理解・自己理解 II
：クラスメートを理解する

　全員が匿名でプロフィールシートを作成し，壁に貼ります。壁に貼られたシートを見て回ってそれが誰のものか推測します。クラスメートのことはわかっているようで案外わかっていなかったりするものです。匿名プロフィールを見ながら誰のものか考えます。また，正解を確認した後で再度プロフィールシートを見て回ってクラスメートの意外な側面を知るきっかけになります。このワークはお互いが一定程度顔見知りになっている状態で行います。

構成

　Who am I？（45分）

場所

　教室，プロフィールシートを貼る壁面があるところ

概要

● 全員が匿名で自分のプロフィールシートを作成します。その後，壁面に張り出した
匿名のプロフィールシートを見て回り，それぞれが誰のものかを考えます。

● このワークは２つのステップから成るワークです。

● １つはプロフィールシートの作成者を想像し，推測するという側面です。ここで
は，匿名のプロフィールシートに書かれたことを読みながら，その作成者について
想いをめぐらします。

● もう１つはプロフィールシートに名前が書かれた後，名前が書かれたシートを見
て回り，その人に対する理解を深めます。

● まとまった時間をとって実施する必要があります。

Who am I ?

● **人数**

40 人程度まで。

● **時間**

45 分間程度。

● **準備**

プロフィールシート（あらかじめ No. 欄に通し番号を記入しておきます），回答用紙，筆記用具，クリップボード（あれば便利です）

● **進め方**

1. プロフィールシートを配り，各自で記入します。時間は数分間です。このとき名前は記入せず，秘密としておきます。

2. プロフィールシートの右下部分はフリーワードです。ファシリテーターがテーマを指示してください。内容は個人の特徴を補足するものがよいでしょう。

3. 全員のプロフィールシートを回収し，いったんシャッフルした上で，ランダムに壁などに貼り出します。机上に置くこともできます。

4. 回答用紙を全員に配ります。

5. メンバーは，プロフィールシートを見て，誰が書いたものかを推測し，回答用紙にそれぞれ名前を記入していきます。閲覧時間は 10〜15 分程度です。

6. 全員が記入を終えるか制限時間がきたら，「答え合わせ」をします。まず各自が自分のプロフィールシートタイトル右側に名前を記入し，それから他のメンバーのプロフィールシートを再度見て回ります。

【発展編】

7. カラーシールを 1 人数枚ずつ配ります。

8. 全員の名前が入った状態で，プロフィールシートを再度見て回ります。名前が入った状態

でシートを眺めると意外な側面を知ることができます。意外な記述や印象に残った記述に
シールを貼ってフィードバックをします。これは SNS の「いいね」に相当します。

TIPS!

●参加メンバーの間に一定以上の面識度があることが実施の前提条件となります。ま
た，プロフィールシートに記入する際は，どの程度の自己開示を行うと適切な他者
理解につながるかを想像することも重要です。

●プロフィールシートを事前に作成しておいて，当日は壁に貼り出すところから始め
ることもできます。

●ファシリテーターもプロフィールシートに記入して，ワークに参加することができ
ます。

ステップアップ解説

●匿名のプロフィールを見て誰のものかを当てるワークですが，誰のプロフィールで
あるかを考えるところまでで前半の内容です。後半では，シートに名前が入った状
態で，もう一度ゆっくりシートを見て回ることで，クラスメートの意外な側面に気
づいたり，より深い他者理解を得ることができます。

●さらにシールを貼るなどによって，クラスメートのフィードバックを受けることに
より，自分に対する他者の視点に気づき，より一層の自己理解を深めることができ
ます。学年の後半に実施して，クラスメートとの相互理解を落ち着いて振り返るこ
とができます。単に，「当たった」「外れた」で終わりにすることがないようにした
いワークです。

プロフィールシート

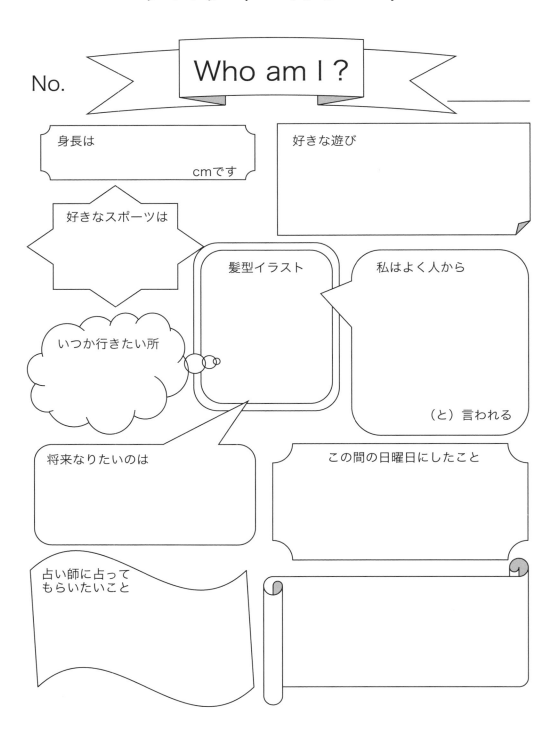

No.

Who am I ?

身長は
cmです

好きな遊び

好きなスポーツは

髪型イラスト

私はよく人から

いつか行きたい所

（と）言われる

将来なりたいのは

この間の日曜日にしたこと

占い師に占って
もらいたいこと

Who am I ？回答用紙

年 組 番 名前：

No.	名前	No.	名前	No.	名前	No.	名前
1		11		21		31	
2		12		22		32	
3		13		23		33	
4		14		24		34	
5		15		25		35	
6		16		26		36	
7		17		27		37	
8		18		28		38	
9		19		29		39	
10		20		30		40	

正解数　　　　　　　人

その他のワーク

ちょっとした空き時間等に活用できるミニワークです。

　これらのワークを単独でアイスブレイク等に活用することもできますし，授業の冒頭や一連のワークとワークの間に実施することで，気分の転換や流れのリセット等に活用することができます。

上下ドン！

掌を重ね，「上！」「下！」と声をかけて掌を動かしていきます。

> ● **人数**
>
> 　3〜4人1組。
>
> ● **時間**
>
> 　5分間程度。
>
> ● **準備**
>
> 　特にありません。

● 進め方

1. 3人がAさん，Bさん，Cさんとなります。
2. Aさんが声かけ役です。BさんとCさんが向かい合って，図のように10cmくらいずつすき間を空けて掌を重ねます。
3. Aさんが「上！」と声をかけると，Bさん，Cさんは一番下の掌を一番上に移動させます。「下！」と声をかけると一番上の掌を一番下に移動させます。
4. しばらくこれを繰り返す間に，Aさんは「ドン！」と声をかけます。
5. そのとき，一番上にあった掌がすぐ下の掌を叩こうとし，下の掌は逃げます。逃げ切れなかったときは掌を叩かれることになります。

6. 「ドン！」の後，再度はじめから繰り返し，1分間これを続けます。

7. 役割を交替して繰り返します。

TIPS!

● 活動の始めにウォーミングアップとして行うのに適しています。

● 4人の場合は，Bさん，Cさん，Dさんが三角形の形に立ちます。

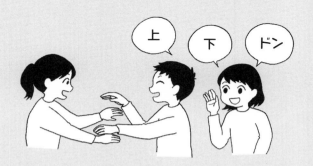

ステップアップ解説

● ゲーム性の高いワークです。耳から入ってくる情報を体に伝えていくことがポイントになります。なかなか意識と行動が一致せず，もどかしさを感じますが，そこが楽しいワークでもあります。

● 声かけ役になることで，他者に対して言葉を発することのウォーミングアップにもなります。

● 一連のワークを続けて実践している際に，ワークとワークの合間やグループを組み替えたときなどに実施すると，流れを切断する効果があり，頭の切り替えを促します。

手パチン！

2人で向かい合って掌を上下に重ね，隙を見て下の掌が上の掌を叩きます。叩こうとする下の掌と逃げる上の掌との戦いです。

●**人数**

2人1組。

●**時間**

5分間程度。

●**準備**

特にありません。

●**進め方**

1. 2人で向き合って立ちます。両掌を下に向けて揃えて水平に出します。一方の掌が上側で，他方が下側で，10cm くらいすき間を空けます。

2. 2人で適当な世間話をします。相手を油断させて，隙を見て下の両掌は上の両掌を叩こうとします。

3. 上の両掌は両手を引っ込めて逃げようとします。どちらが速いかが勝負になります。

4. 一度トライするごとに，上側と下側を入れ替えて続けます。

〈展開例〉
Aさんの掌が下，Bさんの掌が上です。
Aさん：「今日はいい天気ですね」
Bさん：「そうですね」
Aさん：「朝ごはんは何食べました？」
Bさん：「ええと，トーストと……」

（パチン！）

Ｂさん：「いててて！」

掌の上下を入れ替えて，繰り返します。

●**知ってるよ！**や**ワンワード**などの言葉を使うワークに先立ってウォーミングアップとして実施することに適しています。

●**上下ドン！**は３〜４人で行いますが，**手パチン！**は２人で行います。

ステップアップ解説

●他者と話をすることが前提です。勝った，負けたということよりも相手と当たり障りのないやりとりをすることを通して，他者に対して言葉を発することのウォーミングアップになります。

Bang!

　2人で向かい合って両腕を上下左右に動かします。リズムよく行動する中で，とっさの状況判断と対応を併せて行いながら，体と心をほぐしていきます。

● **人数**

　2人1組。

● **時間**

　5分間程度。

● **準備**

　特にありません。

● 進め方

1. 2人で向かい合って立ちます。

2. 2人は両手の親指を立てて揃え，その状態で「1，2，1，2」と声をかけて両親指を同時に上下左右の任意の方向に動かします。

3. このとき「1」で親指は上下左右のどちらかに移動しており，「2」で体の正面に戻っています。

4. これをリズムよくそれぞれ任意の方向に向けて続けていきますが，時々，二人の親指が同じ方向を向くことがあります。そのときは，「2」の後に体の正面で両手でピストルの形をつくり，互いに相手に向けて「バン！」と撃つポーズをします。

5. その後，それまでと同じように「1，2，1，2……」を続けます。

TIPS!

● 活動の始めにウォーミングアップとして行うのに適しています。

● 2人でリズムを合わせることで一体感が生まれることもあれば，2人のタイミングがなかなか合わなくて笑いが生じることがあります。そのようなプロセスを経て体と心をほぐしていきます。

ステップアップ解説

● 一連のワークを続けて実践している際に，ワークとワークの合間やグループを組み替えたときなどに実施すると，流れを切断する効果があり，頭の切り替えを促します。

人間知恵の輪

　互いが手を絡めた状態をつくり，それを全員で協力してほどく活動です。全員で協力して目標達成に向けて取り組むことで，身体をほぐすとともに集団としての一体感をつくり出します。併せて活動の中で自然な形でスキンシップを促します。

● 人数

　8人が適当です。7人または9人でもできますが，進め方が少し異なります。6人では少なすぎて簡単になり，10人では多すぎて手をつなぐことが難しくなります。

● 時間

　5分間程度（時間に余裕があれば2〜3回繰り返します）。

● 準備

　特にありません。

● 進め方

1. 8人程度で小さな輪をつくります。

2. 「右手をバンザイしてください」の指示で全員右手を上げ，それから反対側の人と右手をつなぎます。

3. 次に「左手をバンザイしてください」の指示で全員左手をあげ，それから反対側の人と左手をつなぎますが，このとき1人の右手と左手はそれぞれ別々の人とつなぐこととします。人数が奇数（7人または9人）の場合は，最初に右手をつなぐときに1人は誰とも手をつなぐことができませんが，左手をつなぐときに両手をつなぐことができます。

4. 全員手をつないだら（余っている手がなくなったら）「皆さんは今，一つの輪になっています。これからみんなで力を合わせて一つの輪に戻ってください」とアナウンスして，絡めている手をほどき始めます。関節の状態などにより手を握り直すことはできますが，原則として手をつなぎ直すことはできません。

5. メンバーはさまざまに体を動かしながら輪をほどくよう試みます。つながれた手をくぐったり，跨いだりしなければならないこともあります。

TIPS!

- 1回の試行は3分間が適当です。3分間かかってもほどけなかった場合，それ以上時間をかけてもほどける可能性は非常に低くなります。

- 最終的に，①輪がほどけて1つの輪になる場合，②ほどけて2つの輪になる場合，③ほどけない場合，のいずれかの結果になります。

- 他者との身体接触に敏感なメンバーがいる場合は，ヒモで作った10cm程度の輪を介してつなぎます。

- 余ったメンバーがいるときは「ほどき役」を任命することもできます。

ステップアップ解説

- 絡んだ輪をほどくことも目的として互いに知恵を出し合い，かかわり合います。誰かに特定の役割を与えるのではなく，互いに平等な立場で課題に取り組むことで，一体感を味わうことができます。

- うまくほどけたときは大きな達成感を得ることができます。

オオカミとヒツジ

みんなで協力しながら体を素早く動かして仲間のメンバーを守ります。

● **人数**

5～6人1組。

● **時間**

5分間程度。

● **準備**

特にありません。なるべく広い場所で行います。

● **進め方**

1. 1人のオオカミ役とその他のヒツジ役に分かれます。

2. ヒツジ役は1列になり，前のメンバーの肩に両手をかけます。ヒツジ役の先頭が親ヒツジで，残りは子ヒツジです。

3. オオカミは最後尾の子ヒツジにタッチしようとし，親ヒツジと子ヒツジたちは，最後尾の子ヒツジがタッチされないように列を保ったままオオカミから子ヒツジを守ります。

4. オオカミが子ヒツジにタッチしたら，オオカミは子ヒツジの最後尾に移動し，親ヒツジが次のオオカミになります。

TIPS!

- 短時間で息が切れてきます。

- グループワーク冒頭のウォーミングアップに適しています。

- オオカミが子ヒツジになかなかタッチできない場合は，適当な頃合で交替します。

ステップアップ解説

- 役割をとって追ったり逃げたりし，激しく体を動かすことで体のウォーミングアッ
  プに適しています。特に寒いときには短時間のうちに急速に体を温める効果があり
  ます。

コラム 楽しくすること

1章5でグループワークを支える第2のマインドとして「楽しくすること」を挙げました。「楽しいときに一番学べる」という言葉があります。人は笑顔で楽しくワークに取り組んでいるときに，最もその人らしくなり，持っている力を最大限に発揮します。子どもたちが笑顔になるように，そのときどきの子どもたちにとって楽しいワークを行うことが，子どもたちの中にある成長への力を引き出すことにつながります。

しかし，学校現場ではこのような考え方に異を唱える人がいることも事実です。作家で演出家の鴻上尚史氏がワークショップのやり方を質問しに来た教育関係者に「でもね，鴻上さん，楽しいだけでいいんですか？　ああ楽しかったで終わってそれでいいんですか？」と質問されたというエピソードを紹介しています（鴻上，2005）。鴻上氏はムッとしながら「『ああ楽しかった』じゃ，何かマズいんですか？」と聞き返したとのことです。

私もある中学校で同じような経験をしたことがあります。そこで思ったことは，学校関係者の中には「楽しい＝遊び＝学びがない」という思考回路になっている人が一定数いるということです。いわゆる "No pain, no gain（痛みなくして得るものなし）" という考え方です。いやなことでも我慢して，汗水流して学んだことでなければ価値がないと考えているのです。

そんな考えは全くの的外れです。吉田（1972）は，ある東大の数学教授の話を紹介しています。その教授の授業はとても難解で学生はひとりも理解できなかったそうです。しかし，そのクラスから数学に魅せられ，後に優れた数学研究者になる者が続々と輩出したとのことです。その理由は，その教授は実に熱心にまた楽しそうに授業をしていたからとのことでした。情熱をもって楽しそうに授業をしている教授を見て，数学の世界に興味を深めた学生が少なくなかったのではないかと想像します。

楽しく課題に取り組むこととそれを深く学ぶことは対立するものではありません。そうではなく，むしろそれは相乗的な関係にあります。楽しく学ぶことで課題に対する関心が高まり，積極的に授業に参加することができます。そして，授業に対する満足度が高まり，学習内容もより定着しやすくなります。心や人間関係の領域においてもそれは同じです。楽しく学ぶ，いわゆる「たの‐まな」（p.16）を心がけることがポイントです。そして，その大前提として，ファシリテーターがグループワークを楽しむ心をもっていることが重要です。

Q1.　授業（ワーク）に参加しようとしないメンバーがいる。

Q2.　メンバーが乗り気でない。

Q3.　グループがなかなかつくれない。

Q4.　人間関係が固定している。

Q5.　男女別に固まってしまう。

Q6.　おとなしいメンバーが多い，または元気があるメンバーが多い。

Q7.　メンバーのテンションが低い。

Q8.　人数が多くてできない。

Q9.　担任以外がしてもいいのか。

Q10.　実施順を変えてもいいのか。

Q11.　面白そうなものからやってもいいのか。

Q12.　実施する時間がない。

Q13.　2 時間分のワークを取捨選択して 1 時間で実施してもいいのか。

Q14.　場所が確保できない。集まることができない。

Q15.　実施中に予定外のことが起きた（メンバーの反応が予想と違う）。

Q16.　オープンマインドとは何かよくわからない。

Q17.　メンバーがふざける。

Q18.　シェアリングがうまくできない。

Q19.　シェアリングで発言が少ない。

Q20.　定期的な実施が難しい。

Q21.　校内の理解が得られない。

Q22.　甘やかしているだけではないのか。

Q23.　なかなか効果が現れない。

Q24.　メンバーが「もっとやりたい」という。

Q25.　年度途中から始めてもいいのか。

Q26.　2 年目はどうすればいいのか。

Q1   授業（ワーク）に参加しようとしないメンバーがいる。

A　ワークに参加しようとしないメンバーがいてもそれほど気にする必要はありませんし，無理に参加させる必要もありません。少なくとも同じ教室（場所）にいれば，間接的に授業に参加しているのと同じといえます。最初からワークに積極的に参加していなくても，様子を見ているうちに途中から参加してきたり，個別のサポートを行うことで部分的に参加するようになることもあります。2回目，3回目の授業からということもあります。長期的な視点で見守る必要があります。

Q2   メンバーが乗り気でない。

A　まずは楽しい感覚を味わうことが動機づけの第一歩です。人は楽しく活動しているときに最も自由になり，成長への力が発揮されます。本書で紹介しているプログラムのうち，各月の最初のワークは楽しい感覚を味わうことができるものを中心に設定してあります。これらのワークから始めることにより楽しい雰囲気をつくり，ワークへの導入を図ることができます。また，場合によっては【その他のワーク】で紹介してあるワークでウォーミングアップを行うことも有効です。

Q3   グループがなかなかつくれない。

A　メンバーの自主性に任せているとなかなかグループがつくれなかったり，つくったとしても仲のいいメンバー同士で集まってしまったり，その結果として人数が偏ったりすることがあります。本書ではトランプのカードなどを使って機械的にグループをつくることを推奨します。またその場合，なるべく一連の活動実施の初期段階においてカードによるグループづくりを一度体験しておくと，その後の実施が円滑になります（コラム「トランプを使ったグループづくりについて」参照，p.83）。

Q4   人間関係が固定している。

A　本来ならばグループワークを行うことによって，固定していた人間関係がほぐれていくことが望まれます。だからといって，固定化した人間関係を強制的に解体しようとすると，かえって大きな抵抗を生んでしまいます。人間関係が固定化している場合，その状態でワークをいくつか行い，ワークへの参加に安心感が生じたところで新しい人間関係（グループ）の提案をしていくと，関係が流動化していきます。

Q5 男女別に固まってしまう。

A 男女別に固まるのは思春期の一時期においては自然なことといえます。グループづくりに個人の意志が介在するやり方でグループづくりをするとその傾向は一層顕著になります。本書では，前述のカードを使った機械的なグループづくりを推奨します。グループづくりを偶然性に委ねてしまうことにより，個人を心理的負担から解放できます。

Q6 おとなしいメンバーが多い，または元気があるメンバーが多い。

A おとなしいメンバーは自由度の多いワーク（例えばジェスチャー系のワーク）は苦手とする傾向があり，元気があるメンバーは逆に自由度の少ないワーク（例えばスゴロクトーキング）を苦手とする傾向があります。すべてのメンバーに配慮した，完璧な授業を毎回実践することは困難ですが，常にさまざまな特性をもったメンバーがいることを理解し，その心理状態に配慮しながら実践していくことが望まれます。

Q7 メンバーのテンションが低い。

A ファシリテーターが張り切っているのに，メンバーのテンションが低いということがあるかもしれません。ファシリテーターとしてはメンバーが乗り気でいてほしいものですが，そのときに気をつけたいのはメンバーに無理をさせないことです。具体的には，「頑張りましょう」「もっと元気を出しましょう」などと言わないことです。そのような声かけは，その時点でのメンバーのあり方を否定していることになり，自分たちのあり方を否定されたメンバーのテンションはさらに下がってしまいます。そうではなくて，メンバーのテンションに合わせ，無理をせずに始めることが重要です（コラム「声かけについて」参照，p.117）。

Q8 人数が多くてできない。

A グループワークは一度に多くの人数に実施できる点で経済的・効率的な活動です。環境が整い，指示がうまく通れば300人程度が一度に活動することもできます。他方，メンバーの心理状態・人間関係が不安定だったりすると30人程度でも落ち着いてできないことがあります。失敗したらどうしようとか，ちゃんとサポートしてもらえないのではないか，という不安が生じるためです。そのような場合は例えば1クラスを2つに分割して10数人〜20人程度で実施するのも一つの方法です。10数人〜20人程度であれば，一定規模のかかわりの可能性を担保しつつ，落ち着いて実施することができます。その上で，メンバーが活動に慣れてきたところで合同でワークを行うこともできます。

Q9　担任以外がしてもいいのか。

A スクールカウンセラーやその他の専門家にグループワークを依頼することもあるでしょう。そのような場合，担任は1メンバーとして一緒に参加することが望まれます。そして，そのとき，他のメンバーと一緒にワークを楽しみましょう。他のメンバーは一緒にワークに参加して笑ったり失敗したりしている担任に一層親近感をもつでしょう。また，他のメンバーの表情に気をつけていると彼らが見せる意外な一面に気づいたりすることができます。

Q10　実施順を変えてもいいのか。

A 本書で紹介しているワークは1時間の実施枠の中ではメンバーの心の流れを考えて実施順を決めてあります（Q2［p.182］，コラム「のりしろについて」［p.31］参照）。この順序を変えるとワークへの参加に戸惑いを感じたりするメンバーが現れることがありますので，避けることが望まれます。また各時間ごとの枠自体も大きな流れと，年度内の時期を考慮して配置してありますので，この実施順で行うことが望まれます。

Q11　面白そうなものからやってもいいのか。

A 上記と同じ理由により，実施順を変えることは望ましいことではありません。一方，集団の状態によってはスタートラインを引き直すことが必要な場合もあります。メンバーの心の流れを考えて，柔軟に対応することも時には必要といえます。

Q12　実施する時間がない。

A 本来ならば1時間程度のまとまった時間をとって実施することが望まれます。一方，本書ではモジュール実施を取り入れ，10〜15分程度の細切れの時間での実施も前提とした構成となっています。その場合，なるべく間隔が空かない，近接した日程の中で順序を追ってワークを実施していくことで，結果的に一体となった体験を得ることができます。

Q13　2時間分のワークを取捨選択して1時間で実施してもいいのか。

A 各時間のワークはそれぞれ目的をもって構成されています。取捨選択して異なる目的のワークを混ぜて実施することはメンバーの心理に混乱を生じさせますので避けてください。また，ワークとワークはメンバーの心の流れを考慮して，いわば心の「のりしろ」を考慮して連続するよう構成されています（コラム「のりしろについて」参照，p.31）。ワークの間

を「中抜き」することはこの「のりしろ」をなくすことになりますのでこれも避けてください。

Q14　場所が確保できない。集まることができない。

A 本書で紹介しているワークの中にはオンラインで実施できるものも多く含まれています。ブレイクアウトルーム機能を活用することにより，バーチャルな空間の中でワークを行うことも可能です。例えばスゴロクトーキングは，スゴロクトーキングのシートをチャット等を使って全員に送信しておいた上で，各メンバーが数人ずつブレイクアウトルームに移動することによってオンラインで実施することができます。その他の多くのワークもやり方の工夫次第でオンラインで実施することができます。

Q15　実施中に予定外のことが起きた（メンバーの反応が予想と違う）。

A 3章6「オープンマインドと介入」（p.42）でも述べたように，グループワークはいつも予定通りに進むとは限りません。予定を立ててあったとしても，予想外の反応が生じることはあります。そのようなときは，当初の予定にかかわらずにまずはその場で起きていることを受け止めます。その上で，可能であるならば，その背後にあるメンバーの心理に対応していきます。場合によっては「一歩後退」することが必要なこともあります。

Q16　オープンマインドとは何かよくわからない。

A オープンマインドとは文字通り「開かれた心」のことですが，言い換えると「その瞬間に生きること」です。「その瞬間に生きること」とはファシリテーター側の思惑・都合よりも，その場で起きていることを優先することです。そのためには，あらかじめ想定・予定していたことをいったん棚上げすることが必要になる場合もあります。一時的に不具合が生じるかもしれませんが，長期的な視点でみればその方が得るものが多くなると考えられます。

Q17　メンバーがふざける。

A ふざけるということはワークを楽しんでいるという点では一定程度認めることができます。しかし，そのふざけによって特定のメンバーを攻撃したり，あるいは誰かが不自由な思いをしているとしたら，ふざけは注意する必要があります。その際，中途半端な対応ではなく毅然とした態度で対応することが望まれます。

Q18　シェアリングがうまくできない。

A　シェアリングを行うには，メンバーの中にシェアしたい体験があることが前提です。しかし，必ずしもすべてのワークがうまくいくとは限りません。ときには，なんらかの理由でワークがうまくいかないこともあるでしょう。そのような気持ちをシェアできるメンバーもいますが，みんながそうとは限りません。そのようなときに無理にシェアリングをしようとすると，メンバーの心に負担をかけてしまいます。その際はファシリテーターがその時間に目的としていたことやその場で起きたことを振り返り，メンバーの心を整理してシェアリングに代えることも一策です。

Q19　シェアリングで発言が少ない。

A　シェアリングを単なる「感想を言う時間」ととらえていると，ワークでどんなに盛り上がったとしても，メンバーが自由に感想を言えるとは限りません。ワークで盛り上がったのは多くの場合，ワークの実施にかかわる「枠組み＝構成」があったからです。シェアリングの際にも，「枠組み＝構成」を意識することが重要です。具体的には，どんなことを，どれくらいの長さ（分量）で，誰から順に言う，などの枠組み＝構成をつくることで感じたことを言いやすくなります。

Q20　定期的な実施が難しい。

A　「計画的に実施する」でも述べたように，グループワークは定期的に実施することでメンバーの心にリズムと心の受け皿をつくり，一層効果が上がります。定期的な実施ができないときは，ワーク実施の前に，前回実施の内容を振り返り想起することで，前回とのつながりや違いを意識して効果的に実施することができます。

Q21　校内の理解が得られない。

A　本来ならば周囲の理解を得て実践することが望まれますが，それが難しい場合，自分のクラスなど手の届く範囲で，可能な時間を利用して始めることもあるかと思います。メンバーが笑顔になり，雰囲気が変わってくることが周囲に認知されれば，理解は自ずとついてきます。

Q22 甘やかしているだけではないのか。

A 本書で紹介しているワークは楽しいものばかりですので，メンバーが笑顔で楽しみながら参加することができます。一方，その表面的な様子を見て「遊びではないのか」「甘やかしているのではないのか」と受け取る人もいます。しかし，楽しく学ぶことの意義はさまざまな研究によって数多く示されており，そして，本書で紹介しているワークはすべて「楽しみ」の中に「学び」の要素が含まれています。ワークを楽しみながらメンバーは多くのことを学んでいきます。楽しくやっているから遊びであるというのは浅薄な偏見に過ぎません（コラム「楽しくすること」参照，p.180）。

Q23 なかなか効果が現れない。

A グループワークはメンバーの心にかかわる活動ですが，人間の心は簡単には変化しません。効果はゆっくりと現れてきます。1回2回の実施で変化が現れないからといって焦る必要はありません。長期的な視点で繰り返し実施しているとやがて変化は必ず現れてきます。

Q24 メンバーが「もっとやりたい」という。

A 本書で紹介しているワークはどれも楽しいものばかりですので，メンバーが「もっとやりたい」「毎週やりたい」などと希望することがあります。基本的には多くやりすぎて問題が生じるということはありませんので，全体の教育課程の流れの中で他にしわ寄せ等がいかない範囲で実施することに問題はありません。『心を育てるグループワーク』（正保，2019）を参考にすることができます。

Q25 年度途中から始めてもいいのか。

A 本来であれば年度初めの4月から始めることが最も効果的ですが，年度途中から始めることもあるかと思います。その場合は，可能なら2学期・3学期などの学期初めから始めるのがいいでしょう。ただし，なぜこの時期にこの活動を行うのか，ということについてのアナウンスが重要です。また，クラスの人間関係がある程度できている可能性がありますので，配慮が必要です。メンバーの心理に余裕があれば，新たな人間関係を築くことができますが，余裕がない場合は，既存の関係性を尊重した方がいいでしょう。

Q26 2年目はどうすればいいのか。

A 同じワークを繰り返し実施することができます。他者とかかわることで成り立っている
ワークですので，同じワークでも相手が違えば，体験は異なります。また，1年経過す
ることによりメンバーも成長していますので，1年前に感じた体験と異なる体験をしている自
分に気づくことで，成長や変化の実感を得ることもできます。『心を育てるグループワーク』
（正保，2019）から類似のワークを探し，変化をつけることもできます。

● 引用文献

＊ 平井伯昌（2020）．五輪レベルの選手は「外の世界」を知っている　北島康介を育てた平井コーチの意外な指導法　週刊朝日　2020 年 8 月 14-21 日号　（AERAdot. https://dot.asahi.com/articles/-/86435）

＊ 絹川友梨（2017）．インプロワークショップの進め方──ファシリテーターの考えること　晩成書房

＊ 鴻上尚史（2005）．表現力のレッスン　講談社

＊ 宮台真司（1997）．まぼろしの郊外──成熟社会を生きる若者たちの行方　朝日新聞社

＊ 文部科学省（2022）．生徒指導提要
https://www.mext.go.jp/content/20230220-mxt_jidou01-000024699-201-1.pdf

＊ 野島一彦（1999）．グループ・アプローチへの招待　野島一彦（編）　グループ・アプローチ　現代のエスプリ　385　至文堂

＊ Rogers, C. R. (1961). A therapist's view of the good life: The fully functioning person. *On becoming a person*. Boston: Houghton Mifflin.（十分に機能する人間──よき生き方についての私見　カーシェンバウム, H.・ヘンダーソン, V.L.（編）　伊東博・村山正治（監訳）（2001）．ロジャーズ選集（下）──カウンセラーなら一度は読んでおきたい厳選 33 論文　誠信書房）

＊ 正保春彦（2019）．心を育てるグループワーク──楽しく学べる 72 のワーク　金子書房

＊ 吉田章宏（1972）．学習意欲のシステム化を考える　授業研究　第 9 巻　第 2 号　pp.17-22　明治図書出版

あとがき

　本書は徹頭徹尾多くの学校現場でのグループワーク授業実践の上に成り立っています。その上で，さまざまな校種の多くの児童生徒の皆さんへの授業実践によって選びぬかれた活動を集約しました。本書は，さまざまな現場での児童生徒と私の，またメンバー相互の呼吸のようなやりとりから得られたことから成り立っています。数々の貴重な実践の機会を与えてくださった学校関係者の皆さんと，さまざまなリアクションによって私をインスパイアしてくれた児童生徒の皆さんに感謝申し上げます。

　一方，どれだけ活動を繰り返しても「これで完成」ということはなく，常に何かしらの改善点が見つかるものです。「こうした方がもっとよくなる」「この順序でやった方がスムースに運ぶ」といった気づきがあるのも事実です。そういった意味では本書は「現時点でのベスト」といった制約を逃れることができません。

　上記のほとんどの活動において茨城大学の私のゼミ生を始めとする多くのアシスタントの皆さんの協力を得てきました。それらの皆さんからは単なる補助業務だけでなく，円滑なワーク実施に関する多くの示唆をいただいてきました。ここに記して感謝します。

　また，本書はモジュール実施という新しい提案を行いましたが，茨城県教育研修センターの関口一治先生，堀江玲子先生，常陸大宮市教育委員会の小野司寿男先生，河野護先生，結城市教育委員会の弦巻文男先生にはモジュール実施に関して貴重なご示唆をいただきました。感謝申し上げます。

　金子書房編集部の亀井千是さんには遅筆の私に辛抱強くお付き合いいただき，ありがとうございました。的確なアドバイスをいただき，方向性を定めることができました。

　多くの方々の協力とエンパワーによって完成したこの本が，多くの学校現場で活用され，学校に子どもたちの笑顔が溢れることを願っています。

2024 年 3 月吉日

著者紹介

正保春彦（しょうぼ・はるひこ）

1958 年，富山県生まれ。
早稲田大学第一文学部卒。筑波大学大学院博士課程心理学研究科単位取得退学。
明海大学助教授を経て，茨城大学人文社会科学部教授。
現在，茨城大学人文社会科学部特任教授。
元茨城大学教育学部附属特別支援学校長。元茨城県立高校非常勤講師。
専門分野は臨床心理学，グループ・アプローチ。
公認心理師，臨床心理士。

イラスト：メイ／ネコイラスト（p.60,104）：N. S.

10時間の授業で学校が変わる!
楽しく学べるグループワーク

2024 年 4 月 30 日　初版第 1 刷発行　　　　　　　　　　　　　［検印省略］

著　者　　正保春彦

発行者　　金子紀子

発行所　　株式会社金子書房

〒112-0012　東京都文京区大塚 3-3-7

電話 03-3941-0111（代表）

FAX 03-3941-0163

振替 00180-9-103376

URL https://www.kanekoshobo.co.jp

印刷・製本　藤原印刷株式会社

ISBN 978-4-7608-2855-5　　C3037

━━━━━ 金子書房の関連図書 ━━━━━

心を育てるグループワーク

楽しく学べる72のワーク

正保春彦 著

子どもたちの心の成長を促す楽しいグループワークを
イラストと共に紹介！

〈かかわる〉〈理解する〉〈表現する〉の3つのカテゴリーに分けた72の楽しいグループワーク。道徳，特別活動，ロングホームルームなどで使えます。中学・高校・特別支援学校などの現場での活用実践例も具体的に紹介（ワークは小学校高学年以上で実施可能です）。指導の幅が広がるお勧めの一冊です。

■目次

B5判・258頁